Croire au bonheur

Du même auteur

À cœur ouvert, Plon, 2015.

Solange

Ingrid Chauvin

Croire au bonheur

PLON
www.plon.fr

12, avenue d'Italie
75013 Paris
Tél. : 01 44 16 09 00
Fax : 01 44 16 09 01
www.plon.fr

ISBN : 978-2-259-25117-4

Aux soleils de ma vie,
Jade, Tom et mon mari Thierry

«Le bonheur en partant m'a dit qu'il reviendrait.»

Jacques Prévert

Prologue

Il est trois heures du matin. Dans deux jours, le 17 octobre 2015, nous aurions dû fêter les deux ans de notre petite Jade, mais cet anniversaire, comme tous ceux qui suivront, n'aura jamais lieu. Il y a des dates et des périodes dans l'année qui restent des épreuves à affronter, à apprivoiser.

Pieds nus, dans la pénombre de ma cuisine, je contemple la ville endormie, le calme de la petite cour, la silhouette sombre de la tour Eiffel qui se dresse par-dessus les toits. Une fois n'est pas coutume, je n'arrive pas à dormir : dans certaines positions, ma poitrine me lance, alors j'ai fini par me glisser hors du lit pour aller grignoter. Et me voilà en train de manger des cookies à la nougatine, mes préférés, seule, dans ma cuisine, en plein milieu de la nuit. Je n'ai pas ressenti ce genre de pulsions depuis longtemps ! Cela pourrait-il vouloir dire que... ?

« Les miracles ne se produisent que lorsqu'on veut bien y croire. » Serait-il possible que nous ayons de nouveau la chance, mon mari et moi, d'être aussi heureux que ce jour où notre fille est née ? En traversant la ville de Nice baignée de soleil, parée des reflets argentés de la Méditerranée, nous rayonnions de bonheur. Sereins et pressés de découvrir notre enfant... J'allais enfin donner la vie, devenir mère à mon tour, réaliser ce rêve qui me tenait tant à cœur : fonder ma propre famille. Je ne crois pas avoir vécu d'émotions aussi fortes, aussi belles que ce 17 octobre 2013.

Jade est partie brutalement le 25 mars suivant. Quelques jours après sa naissance, on lui avait découvert un CAV complet, une importante pathologie cardiaque. Malgré l'autopsie qui a été effectuée, nous ignorons encore les causes exactes de sa disparition.

Depuis, ma vie n'a eu qu'un seul but : préserver mon mari et les miens, en faisant mon possible pour paraître vivante et, même, souriante. Mais, au fond de moi, je pensais qu'il allait me falloir toute une vie pour en retrouver le goût et pour, peut-être un jour, ne plus agir comme un automate. Alors, je me suis noyée dans le travail et je sais aujourd'hui que c'était la meilleure solution. M'occuper l'esprit, rester debout coûte que coûte. Je m'y suis employée jour après jour, sans relâche. Ne rien faire, ne serait-ce qu'un quart d'heure, pouvait virer au supplice. Main dans la main, mon mari et moi avons continué à avancer, avec l'espoir qu'un jour notre souffrance deviendrait supportable.

Il y a quelques heures à peine, j'étais sur scène, comme presque tous les soirs depuis un mois. Je partage l'affiche avec Francis Huster, dans une de ces comédies romantiques que seuls les Américains savent créer : *Avanti!* de Samuel Taylor, merveilleusement adaptée par Dominique Piat et mise en scène par Steve Suissa. C'est une pièce jubilatoire qui nous entraîne sous le soleil de Rome et, dans cette version 2015, j'y interprète un rôle délicieux, celui d'Alison, une jeune Anglaise pleine de charme et de gaieté, qui rêve d'absolu et fait la rencontre de George, un businessman américain assez puritain et... marié. Alison a la chance d'avoir enfin trouvé l'amour : mais vaut-il mieux vivre ses rêves ou rêver sa vie? Faut-il accepter un simple rôle de maîtresse?... Me glisser chaque soir dans ce personnage lumineux est un régal. J'aime faire rire et pleurer la salle en évoquant cette quête du grand amour, cette passion où l'on ne peut plus se passer de l'autre. *Avanti!* est une comédie pour tous ceux qui pensent que rien n'est plus important que l'amour – et, donc, pour moi.

Comme mon précédent rôle, cette pièce me fait du bien. Au corps et à l'âme. J'ai repris goût à la scène depuis un an; je ne l'avais pas vraiment perdu : après mes débuts et deux premières pièces de théâtre, j'avais juste été happée très rapidement par la télévision. Je n'avais que vingt ans, un âge où l'insouciance nous fait appréhender les choses différemment, mieux peut-être, mais sans toujours mesurer la portée de nos choix. J'étais timide mais je n'avais pas peur. Je débordais d'une énergie que la scène ne faisait que décupler. C'est une sensation que je retrouve aujourd'hui avec, en plus, le bonheur immense de rencontrer chaque soir mon public... Durant toutes ces années où j'ai tourné pour la télévision, il est arrivé que l'on me propose de remonter sur scène. Mais, je l'avoue, j'avais le trac ! Chaque fois, j'ai décliné l'offre.

Et puis, j'ai perdu mon enfant. Lorsqu'on perd ce qu'on a de plus précieux au monde, la peur vous quitte. Le trac reste, mais pas la peur. Alors, quand, quelques mois plus tard, Jean-Luc Reichmann m'a proposé de partager avec lui l'affiche d'*Hibernatus*, je n'ai plus hésité. Mais j'ai eu un trac terrible. Jusqu'à me demander pourquoi je m'infligeais une torture pareille, pourquoi je me mettais autant en danger ! Sauf que, dès qu'on est sur scène, on se dit : « Voilà pourquoi... »

Jouer au théâtre, c'est un peu un grand saut dans le vide, un saut vertigineux qui apporte un plaisir fou, unique. La première fois, on se lance sans savoir vraiment voler, puis peu à peu on gagne en confiance et on virevolte avec de plus en plus d'aisance. Aujourd'hui, il me semble que je sais voler, même si j'aime à penser que je n'aurais pas trop de toute une vie pour progresser encore et encore... Tout est perfectible, et c'est ça qui est fabuleux.

Mon mari a «souffert» lui aussi : chaque fois qu'il venait me voir jouer, l'angoisse le submergeait. Tout comme le soulagement et la fierté, quand le rideau tombait. Mais il me répète sans cesse : «Tu te rends compte, ma chérie? Tu joues au théâtre à Paris! Savoure ta chance...» Pour le montagnard, le sportif qu'il est, ça paraît incroyable. Et il a tellement raison, d'autant que cette pièce se joue aux Bouffes-Parisiens : avec son intérieur un peu suranné, tout en dorures et velours rouge, sa façade vitrée corsetée de métal, ornée de plus de deux mille petites lampes qui s'illuminent avant chaque spectacle, on se croirait à Broadway! L'histoire de ce théâtre force le respect. C'est un lieu mythique qui a vu passer Offenbach, Arletty, Cocteau, Guitry, Gabin et tant d'autres, et que Jean-Claude Brialy a dirigé pendant près de vingt ans. J'ai longtemps rêvé d'y travailler jusqu'à l'année dernière où, alors que je jouais à quelques rues de là, au théâtre de la Michodière, Steve Suissa m'a proposé cette adaptation d'*Avanti!*. J'étais folle de joie et, étrangement, j'ai tout de suite su que ce projet allait marquer un tournant dans ma vie. À quel niveau? Je l'ignorais encore, mais mon instinct ne m'a pas trompée.

Je me suis totalement investie dans ce travail qui m'enthousiasmait. Et, au fil des répétitions, divinement entourée par une troupe d'une rare bienveillance, dans laquelle il n'y a pas la moindre bataille d'ego, je me suis sentie redevenir vivante.

Depuis près de deux ans, je ne faisais qu'« exécuter » ce que l'on attendait de moi en m'efforçant de rester digne, souriante même, le plus possible. En tant qu'artiste populaire, je pensais avoir une mission : celle d'être un exemple. La perte d'un enfant reste un sujet tabou, difficile à aborder, et j'ai pu constater pendant ces deux dernières années à quel point certains parents peuvent se sentir seuls au monde, perdus. Apporter courage et force à toutes ces familles dévastées par la même épreuve que la mienne est devenu une priorité. C'est parfois lourd à porter, mais ça me permet aussi de me surpasser, de puiser en moi l'énergie nécessaire pour ne pas sombrer davantage. Grâce à mon mari qui a ce don exceptionnel et cette immense générosité de faire tout son possible pour que je tienne, grâce à ma famille et à vous tous qui me témoignez tant d'amour, grâce à *Avanti!* et aux autres projets qui prennent forme petit à petit, j'ose à peine le murmurer mais je sens que je me retrouve. Je ne fais plus seulement semblant. Je recommence vraiment à respirer, à me projeter. J'en viens un peu à accepter l'inacceptable.

Prologue

Bien sûr, il m'arrive encore de m'effondrer en larmes, brutalement, comme si quelqu'un s'était glissé derrière moi pour m'assener un coup violent. C'est chaque fois une lame de fond qui m'engloutit, qui me fracasse par sa virulence, peut-être faut-il l'avoir vécu pour le comprendre... J'ai appris avec le temps à me laisser submerger, à accepter ce tsunami de douleur. Ne pas se contenir, ni même tenter de lutter ; laisser exploser sa peine permet de mieux gérer la torture du manque.

Jade n'est plus là où elle était, mais partout où je suis, pour reprendre les mots si justes de Victor Hugo à propos de sa fille. C'est ainsi que nous pensons et vivons, nous, les parents endeuillés. Nous ne serons plus jamais les mêmes, ni plus jamais comme les autres. Mais nous ne devons pas pour autant oublier nos désirs et nos rêves. Nous ne devons pas laisser nos âmes s'assécher. Et, je le sais aujourd'hui, nous ne sommes pas condamnés à vivre sans amour.

La surprise

Il y a d'abord eu un bruit étrange dans le coin du salon où se trouvent les photos de notre fille. Un bruit particulier, inhabituel en tout cas. Nous nous sommes dit que quelque chose avait dû tomber, je me suis levée pour aller vérifier, mais non, rien n'avait bougé. En revanche, c'était comme si une petite voix avait soudain chuchoté au fond de mon cœur : « Maman, fais attention, il se passe quelque chose ! » Une impression si douce, si agréable que je crois avoir laissé échapper un sourire. Comme une parenthèse, un moment suspendu dans le temps, où j'ai été partagée entre ici et ailleurs... Je n'ai pas osé dévoiler ce que je venais de ressentir, je l'ai gardé pour moi, comme un précieux cadeau qui m'a semblé venir d'autre part. Un sentiment qui s'ajoutait à d'autres, de ceux que l'on croit parfois inventer parce que cela fait du bien. Impossible d'en être sûre. Le plus important, à mes yeux, étant de laisser son cœur ouvert, pour recevoir.

C'était il y a quelques jours à peine.

Ce matin du 15 octobre, sur un dernier éclat de rire et une volée de baisers, la porte vient de claquer derrière un trio chargé comme des mulets. Noémie, la petite nièce de mon mari, vient de passer quelques jours à la maison avec sa meilleure amie, Marina. Elles habitent toutes les deux dans la vallée de Serre-Chevalier, et Noémie a fait la surprise à son amie de lui concocter un petit séjour à Paris, car cela peut paraître étonnant mais Marina n'y avait encore jamais mis les pieds ! Alors, de la tour Eiffel aux Champs-Élysées, en passant par le musée Grévin, la Grande Roue, Disneyland, les théâtres, le métro, elles ont profité de tout et fait plus de trois mille photos par jour ! Elles revenaient chaque soir épuisées, mais le sourire aux lèvres, les mains pleines de paquets, et le regard émerveillé d'un bambin qui vient de rencontrer le Père Noël. On projetait alors sur la télévision un diaporama de leur folle journée parisienne, et leur joie de vivre faisait du bien à voir. Elles sont aussi venues me voir jouer dans *Avanti !* : c'est toujours une pression supplémentaire de jouer pour ceux que l'on aime, et une double ration d'émotion... Après une semaine pendant lesquelles elles ont arpenté la capitale dans tous les sens, Noémie et Marina viennent de repartir pour leur montagne. Thierry, leur « tonton préféré », a tenu à les raccompagner à la gare : elles ont fait beaucoup de shopping durant leur séjour et se retrouvent avec plus de bagages qu'il n'en faut pour leurs bras...

La maison est désormais vide de ces rires enchanteurs. De retour dans ma chambre, je me pose quelques instants, comme hypnotisée, devant le lit encore défait. Je repense à la drôle de nuit que je viens de passer, à mes seins qui me lancent, à cette envie de sucré puis, par une brusque association d'idées, au « message » de Jade que j'ai cru percevoir il y a quelques jours. Et soudainement une idée folle me traverse l'esprit. Même si j'essaie de me convaincre que c'est absurde, je me plante devant le miroir de la salle de bains et fais glisser les bretelles de mon caraco. J'observe ma poitrine, la trouve un peu changée. Sous l'emprise soudain d'une évidence, je m'habille à la hâte et décide d'aller à la pharmacie Je n'ai plus qu'un objectif : revenir ici au plus vite pour pouvoir faire un test de grossesse. Émue d'imaginer que peut-être... Non, c'est idiot ! Ce serait aussi peu probable que cette adoption dont nous rêvons, mon mari et moi, depuis notre rencontre et dont nous avons entamé les démarches quelques mois après le départ de Jade. Un de ces événements exceptionnels que l'on espère de toutes ses forces, que l'on croit parfois imminent, mais qui ne survient jamais à la date que l'on attendait ni même, parfois, aux suivantes.

Il y a un mois, pourtant, nous avons eu des nouvelles de l'avancée de notre dossier d'adoption : le processus suit un cours normal, notre demande semble même avoir retenu l'attention, ce qui est déjà considérable. Il faut dire que nous ne restons jamais très longtemps sans nous manifester... Comme tous les futurs parents, nous devons nous armer de patience, ne jamais baisser les bras, et nous accrocher à l'idée que notre désir va se réaliser, que chaque jour nous rapproche un peu plus de ce rendez-vous d'amour.

Je suis sur le palier, j'appelle l'ascenseur mais, trop impatiente, je préfère descendre à pied. Je dévale les quatre étages, une main sur la rambarde de métal, les deux pieds bien au milieu du tapis rouge qui habille l'escalier et me mène au rez-de-chaussée. Je suis fébrile, j'ai peur de savoir, tout se mélange dans mon esprit. J'oscille entre un sentiment d'urgence et l'angoisse des minutes à venir.

À peine vingt mètres me séparent de ma pharmacie attitrée. Vanessa va sûrement être ravie de me voir ; elle m'accueille toujours avec un large sourire, et nous prenons le temps de papoter un peu à chacune de mes visites. Au fil du temps, c'est devenu une habitude de passer chez elle, parfois juste par plaisir.

Je l'ai invitée pour la «couturière» – l'avant-dernière répétition – d'*Avanti!*, avec quelques voisines, des commerçants du quartier, Isabelle, notre extraordinaire gardienne, et sa fille. Tous m'ont dit avoir vécu un très bon moment mais je regrette un peu de les avoir fait venir si tôt. Parce que la couturière, comme son nom l'indique, c'est la première fois qu'on joue en costumes ! Tant de choses sont encore à régler, la mise en scène manque de fluidité, on teste, on prend ses repères dans le décor... Aujourd'hui, la pièce a une autre tournure : nous sommes rodés, chacun a trouvé ses marques, et le stress est moins palpable en coulisses, avant le lever de rideau. Il faudrait savoir résister et ne faire venir ceux qu'on aime que plus tard, lorsqu'on est meilleur...

Ces quelques mètres à parcourir jusqu'à la pharmacie me semblent interminables. J'ai l'impression que tout le monde me regarde. Comme si mon trouble, ma tension, mes attentes étaient inscrits sur mon visage.

Les portes vitrées s'effacent enfin devant moi ; j'aperçois Vanessa qui, comme prévu, m'accueille avec un grand sourire. Je la sens même sur le point d'abandonner son client pour venir à ma rencontre ! Je lui fais signe de prendre son temps et feins de m'intéresser à une gamme de soins capillaires, dont je me moque totalement... Elle finit par me rejoindre et me lance, comme à son habitude :

— Je vous trouve très mince !

Elle entame ainsi toutes nos conversations au point que je me demande si ce n'est pas devenu un réflexe ! Nous avons à peu près le même âge, et pourtant Vanessa me couve, comme peuvent le faire mes grands-parents, qui ne cessent de se préoccuper de ce que j'ai ou vais manger... Cette façon d'être m'amuse et me touche : il est des métiers qu'on ne fait pas par hasard...

— Alors, de quoi a-t-on besoin, aujourd'hui ?

— Je voudrais un test de grossesse, dis-je avec un filet de voix. Mais je ne voudrais pas qu'on m'enten...

— UN TEST DE GROSSESSE ?!

Trop tard. Elle n'a pas tout à fait crié de surprise, mais presque. Je rougis, me retourne et découvre ses employées en train d'esquisser un sourire. Leur regard complice me signifiant : « Ne vous inquiétez pas, ça ne sortira pas d'ici... »

Un peu embarrassée, je me sens obligée de me justifier. Non sans maladresse, j'évoque mes doutes, ma nuit agitée, un léger retard... Vanessa ne peut attendre plus longuement : sans que j'aie eu le temps de réagir, elle glisse la boîte dans ma poche et ajoute :

— Alors là, c'est pour moi ! Je suis tellement heureuse...

Heureuse, heureuse, attendons de savoir, quand même !

— Allez vite faire ce test et surtout tenez-moi au courant !

— Promis ! À tout de suite alors, et merci pour...

— Chut ! Allez, filez !

Je tiens bien calée au fond de ma poche cette petite chose si précieuse qui, en quelques secondes, peut faire basculer une vie. Combien de fois m'est-il arrivé de faire pipi sur l'un de ces bâtonnets en plastique ? Et combien de fois ai-je fondu en larmes en découvrant le résultat négatif ?

Je remonte les marches quatre à quatre, sans même prendre le temps d'appuyer sur le bouton de l'ascenseur. Arrivée devant chez moi, j'ai du mal à retrouver ma respiration, je n'en peux plus et je prie pour que l'appartement soit toujours vide. Je ne voudrais pas que Thierry me surprenne. Si surprise il doit y avoir, c'est à moi de la lui faire !

Je fais tourner ma clé dans la serrure, j'entre. Pas un bruit. Je me débarrasse de mes chaussures, jette mon manteau d'un côté, mon écharpe de l'autre et fonce m'enfermer dans mon dressing. Là, je suis tranquille : personne ne peut me déranger ! Je me sens un peu ridicule, Dieu, que je n'aimerais pas qu'on me voie en ce moment...

Le bâton témoin trempe désormais dans le récipient. Démarrent les deux minutes les plus longues de ma journée. Mon cœur s'emballe, je ne sais plus quoi penser, craignant que la réponse ne soit négative, je m'en veux d'avoir fait cette démarche.

Je suis en train de perdre mon temps, de me faire du mal, pour un espoir qui depuis le départ de ma fille s'est évanoui... J'ai su rester en vie, mais j'ai perdu le goût du bonheur. Je triche, je fais semblant, je fais croire que je suis forte. Je joue à un jeu, en espérant qu'au fil du temps il me permettra de retrouver ma joie de vivre. C'est en se forçant à sourire qu'un jour ce sourire devient naturel. J'ai tellement envie de m'en sortir, de redevenir cette femme pétillante et enjouée dont mon mari était tombé amoureux...

Après la perte d'un enfant, le traumatisme n'est pas le même quand on est un homme ou une femme. D'un individu à l'autre, le parcours du deuil est lui aussi différent. Au sein d'un couple, il faut faire preuve d'un respect et d'une générosité phénoménaux pour parvenir à accompagner l'autre. Ce qui implique souvent de mettre de côté ses propres besoins et envies. La vie de couple est déjà si compliquée, je vous laisse imaginer la force, la volonté et la dose d'amour qu'il faut pour ne pas se déchirer en mille morceaux après une tragédie.

Ma vie sentimentale a été un peu chaotique, j'ai quitté des hommes que je n'aimais pas suffisamment, j'ai préféré rester seule quelques années plutôt que de faire des « non-choix ». Ça n'a pas été toujours simple, parfois dur, parfois triste. Comme pour tout, il faut savoir où se trouvent nos priorités et prendre les bonnes décisions – les meilleures possible. Ce ne sont pas toujours les plus faciles, mais cela vaut le coup de se battre. Une fierté immense en découle, et la vie devient bien plus belle lorsque l'on assume et choisit sa route.

Je me suis mariée tardivement, à l'aube de la quarantaine, mais je suis heureuse d'avoir su attendre parce que, pour moi, le mariage a un véritable sens. Traumatisée, enfant, par la séparation de mes parents, j'ai toujours mesuré l'importance de cet engagement. Je ne voulais surtout pas me tromper, ne pas avoir à divorcer. Je tenais à dire oui pour le meilleur et pour le pire. Partager bonheurs et malheurs. Lutter ensemble, s'il le fallait. Vieillir main dans la main. Il n'y a à mes yeux rien de plus touchant. Ceux qui ne partagent pas cette conception de l'amour peuvent me qualifier d'*old school*, mais j'assume cette conception du mariage un peu « vieille France », le respect des traditions, mais aussi la beauté de ce que cela implique, de cet engagement qui nous oblige toute notre vie à nous dépasser.

Désormais, mes yeux ne quittent plus la tige presque imbibée. J'observe, anxieuse, la progression du voile sur la petite fenêtre du test. Un premier trait fait son apparition, c'est le processus normal : il apparaît dans tous les cas et ne signifie rien. Pour que le résultat soit positif, il faut voir apparaître un deuxième trait. Un deuxième trait qui ne semble pas se dessiner. Mon cœur se met à battre la chamade, ma gorge se serre. Mon intuition m'aura joué des tours, j'ai un tel désir d'enfant que j'ai cru ressentir des symptômes alors qu'il n'en était rien... Ce ne serait qu'une grossesse nerveuse ? L'envie est parfois si impérieuse qu'elle est capable d'influer sur les hormones et déclencher tous les signes d'un début de grossesse ; cela peut paraître incroyable mais cela arrive... Je continue à fixer le bâtonnet mais mon esprit s'évade, accablé par cette perspective si décevante, lorsque, peu à peu, comme par magie, tel un miracle, le deuxième trait fait son apparition ! Je n'en crois pas mes yeux. Je les écarquille démesurément et n'ose pas les faire cligner de peur que cette vision inouïe, merveilleuse ne s'évanouisse.

Je reste immobile, penchée sur ce bâtonnet, la respiration coupée. Les larmes envahissent mes yeux. Je n'en reviens pas... JE SUIS ENCEINTE !

L'annonce

Nous sommes au début du mois de septembre, à quelques jours de la première publique d'*Avanti !*. Au théâtre, quand l'échéance approche, un grand vent de panique se met à souffler. Nos journées sont de plus en plus longues : il nous reste beaucoup de travail, un tas de choses à régler, des solutions à trouver, et l'on se sent tous un peu submergés et fragiles. Les costumes ne sont pas totalement achevés, certaines mises en place sur scène demeurent floues, le son est à régler, la lumière également. On répète depuis peu dans un décor que nous devons apprivoiser. Et ce texte qui, étrangement, commence à m'échapper ! Alors que je suis une acharnée du travail et qu'au premier jour des répétitions je suis arrivée en connaissant presque la totalité de mon texte... Je ne viens pas de ce milieu et j'ai toujours la crainte de ne pas être légitime, surtout lorsque j'ai appris que j'allais jouer avec Francis Huster ! Heureusement, j'ai une mémoire visuelle qui me sauve et qui me permet en trois jours d'apprendre une pièce de théâtre. Mais, à quarante-huit heures de la première représentation, tétanisé par la peur, on a tendance à tout oublier, on ne sait plus, d'un seul coup, où l'on doit se placer, dans quelle lumière à quel moment, alors on reprend encore et encore pour recouvrer la confiance en soi. Jusqu'à ce que le metteur en scène nous dise : « Bon, allez vous coucher et reposez-vous ! De toute façon, le spectacle est là. Ce qu'il faut, c'est vous détendre !... » Comme chaque fois, on se dit qu'on ne sera jamais prêt à temps, on est miné par le trac, et puis l'envie de se surpasser, le fait qu'on n'a pas le droit à l'erreur, le ronronnement qu'on entend jusqu'en loge quand le théâtre se remplit, la magie de la scène, la fusion avec le public font que l'on s'en sort toujours. C'est une période de pression, de montée d'adrénaline monumentale mais qui fait du bien car, dès que les représentations commencent, on se rend compte que la seule chose qui manquait, c'était le public !

Il est un peu plus de minuit lorsque je rentre du théâtre, exténuée mais incapable d'aller me coucher avant que la tension ne retombe. Il fait chaud dans l'appartement, j'ouvre les fenêtres, fais quelques pas sur le balcon pour aller m'accouder à la rambarde. Cette fameuse rambarde à laquelle je me suis retenue, désespérée, le jour de la mort de Jade. J'ai la gorge qui se serre, l'émotion m'envahit.

Comment oublier ? Je ne suis jamais allée sur ce balcon sans y penser... Malgré tout, j'aime m'y retrouver seule, j'en ai besoin, même. Il me permet de m'évader vers le ciel et, cette nuit, d'y admirer la Lune et les quelques rares étoiles qui ont réussi à vaincre les lumières de la ville.

Comme tous les soirs, je donne un dernier coup de fil à mon mari, resté dans notre maison du sud de la France pour profiter des derniers jours de l'été. Et, ce soir-là, au téléphone, je peux enfin lui dire que je vais mieux, que je reprends goût à la vie, que quelque chose est en train de se passer qui m'entraîne vers un semblant de légèreté. Thierry est heureux de m'entendre dire ces mots, il espère tant retrouver la femme qu'il a connue.

Avant de m'autoriser à aller mieux, j'avoue avoir demandé « l'accord » de ma fille. Cela peut sembler incongru, mais c'est pourtant la vérité. Depuis que Jade nous a quittés, j'ai l'impression d'être en contact avec elle. Plusieurs fois, devant des questions que je me posais, des réponses ont surgi tout à coup du fond de mon cœur, comme si elle me faisait parvenir un message. C'est extrêmement complexe à expliquer, peut-être n'est-ce que le fruit de mon imagination, mais cela m'apaise un peu. Ça me permet de porter sur la vie un regard plus positif, d'avancer en regardant au loin.

J'apprends, ce 15 octobre, donc, que j'attends un nouvel enfant, deux jours avant la date anniversaire de la naissance de Jade, et la première chose qui me vient à l'esprit, alors que je me tiens devant sa photo, est de lui dire : « Merci, ma fille. » J'ai le sentiment qu'elle a attendu que je sois prête pour m'offrir à nouveau de donner la vie. Pour que cet enfant qui va naître ne soit pas un bébé de remplacement, mais un petit frère ou une petite sœur qui aura sa place à part entière...

Je n'ose pas aller plus loin dans mes pensées... En revanche, je vais tenir ma promesse et descendre annoncer la nouvelle à Vanessa ! Émue, tremblante, je refais mon petit parcours, m'amuse à appeler l'ascenseur que je ne prends pas et dévale l'escalier... Mon trophée en poche, serré entre mes doigts, je fonce vers la pharmacie. J'ai l'impression de voler ! Les portes vitrées s'ouvrent de nouveau devant moi, mais je suis obligée de stopper net ma course folle. Il y a du monde, pas mal de monde, et Vanessa est occupée. Je reprends mon souffle. Ses yeux se plantent dans les miens. Je ne peux rien lui dire ni faire aucun geste. Seul mon regard accompagné d'un petit sourire lui fait comprendre l'incroyable nouvelle. Et la voilà sous le choc, au bord des larmes. Sa réaction me bouleverse, tout en me permettant de réaliser pleinement le miracle qui est en train de se produire.

Un peu comme si je venais d'être récompensée de tous mes efforts. Merveilleusement récompensée ! Ce n'est qu'il y a très peu de temps que j'ai accepté ce que je m'interdisais depuis le 25 mars 2014. Reprendre possession de mon corps, libérer mon esprit, m'autoriser à retrouver une certaine forme de plaisir. Tout simplement, redevenir femme.

Il ne m'est pas aisé de partager ces confidences. J'ai longuement réfléchi avant de le faire. Et puis, j'ai essayé de me mettre à la place de beaucoup d'entre vous. Il y a bien sûr des curieux, des voyeurs, des âmes malveillantes toujours prêtes à critiquer, je le sais, j'en ai tout à fait conscience. Ce n'est pas à eux que je veux penser, mais à tous ceux qui ont vécu le même drame que nous et qui tentent tant bien que mal de se reconstruire. À ceux qui veulent croire qu'il est possible de s'en sortir. Pendant très longtemps, j'ai cherché moi aussi une aide de ce type : en lisant, en écoutant les témoignages de ceux qui avaient eu le même parcours, pour me sentir moins seule et me nourrir de l'expérience de ceux qui, aussi meurtris que moi, avaient eu la générosité de se confier. Parce qu'on ne se sent compris que par quelqu'un qui a vécu les mêmes épreuves.

Aujourd'hui, j'ai envie d'aider les autres comme tant d'autres m'ont aidée. C'est la raison pour laquelle je prends soin de répondre chaque jour à tous les messages que vous m'envoyez sur Facebook ; mais je ressens également le besoin d'aller plus loin, non comme un devoir mais comme quelque chose de naturel. D'où ce livre qui me soulage d'un poids, comme l'avait fait mon premier récit, *À cœur ouvert*. Parce que j'éprouve une grande libération à retranscrire ce que je vis, ce que j'éprouve. Et dont je ne parviens pas forcément à parler. Quand j'ai écrit *À cœur ouvert*, j'avais d'ailleurs complètement occulté le fait que je devrais en faire la promotion ; du coup, le moment venu, j'ai été prise d'une angoisse terrible. Mais comment allais-je faire ? Je pensais en être incapable ! Parce que, si j'avais écrit ce livre, c'était que justement je n'arrivais pas à en parler... J'ai fini par m'y soumettre.

J'écris également pour garder une trace de ma vie de maman, de l'histoire de notre couple et de l'amour inconditionnel que je porte à ma fille et à ce bébé qui va naître. Et puis, j'ai conscience que mon statut de comédienne, l'amour et la fidélité que vous me témoignez donnent un certain impact à mes paroles. J'aime cette relation que nous avons tissée au fil des années et que nous entretenons. Je suis aujourd'hui bien plus qu'une actrice qu'on apprécie ou qu'on suit. Je suis la femme qui a traversé le pire. Et je suis devenue la preuve que l'on peut s'en sortir quoi que l'on ait enduré. Mon but n'a jamais été que l'on s'apitoie sur mon sort, bien au contraire ; je n'ai d'ailleurs pas beaucoup de compassion pour les gens qui se plaignent sans arrêt. Non, je me livre en toute transparence parce qu'il me tient très à cœur de partager l'histoire de ce miracle avec ceux qui le souhaitent, pour leur communiquer l'envie et l'énergie d'aller de l'avant. « Les miracles ne se produisent que lorsqu'on veut y croire » : cette phrase qui m'a été dite par une âme bienveillante et que je me suis si souvent répétée, j'aimerais que tous ceux qui sont dans la détresse puissent à leur tour la faire leur. Que tous ces couples qui nous ressemblent puissent y puiser un espoir. Vous êtes si nombreux à me demander comment je fais. Je ne fais rien. Rien d'autre que m'obliger à rester debout et à avancer. Beaucoup d'entre vous me disent que je suis un exemple et que ma force est communicative. Sachez que c'est le plus beau retour que vous puissiez me donner. Il n'y a rien de plus gratifiant que de répandre de l'espoir autour de soi et de savoir que cela se propage, au fur et à mesure. Penser que, d'une manière ou d'une autre, je peux aider quelques-uns me pousse à aller encore plus loin, à être encore plus forte. Mais, une fois encore, il ne s'agit que de partage entre vous et moi.

Vanessa a donc été la première au courant de cette grossesse inespérée. Sans attendre, tout en regagnant la maison, j'appelle mon mari. Je ne veux pas lui annoncer la nouvelle par téléphone, mais le prévenir que j'ai quelque chose de très important à lui dire... Répondeur ! Lui qui a toujours son portable à portée de main, ce n'est pas de chance. Deuxième tentative, troisième, rien. J'envoie un SMS : « Où es-tu ? Que fais-tu ? Rappelle-moi, mon petit chat !!! » Toujours rien.

Je me dois de préciser que, depuis la veille, nous sommes « en froid ». Nous ne nous disputons jamais plus de trois ou quatre fois par an – ce qui, vous en conviendrez, est assez peu pour un couple –, et Dieu merci, parce que j'en ai une sainte horreur. Ces tensions ne sont à mes yeux que du temps perdu et me font horriblement souffrir, surtout lorsqu'elles ne sont pas justifiées. Or, vous serez sûrement d'accord avec moi, elles ne le sont pas la plupart du temps : une incompréhension, une maladresse, et c'est parti... J'ai été meurtrie, enfant, par les disputes incessantes qui déchiraient mes parents et me plongeaient dans un état de stress et d'angoisse immenses. En tant que mère, je tâcherai de ne jamais oublier l'impact que cela peut avoir sur les enfants. Certains couples ne savent malheureusement fonctionner qu'ainsi ; d'autres – et c'est aussi cruel – sont dans le mensonge et la trahison. Tout ça ne m'intéresse pas. J'ai besoin de simplicité, de complicité, d'harmonie et de confiance. Alors, je veille au grain, c'est un travail de tous les jours, quelque chose qui se construit, se cultive mais qui permet de vivre beaucoup plus sereinement. Je dois aussi avouer que cette osmose est facilitée par le regard bienveillant, mêlé de fierté, que Thierry pose sur moi et qui me fait un bien fou! Il m'a aidée à prendre confiance en moi et à garder cette confiance, surtout depuis que nous sommes «orphelins» de notre petite Jade. Je n'ai jamais rencontré quelqu'un d'aussi joyeux, d'aussi positif, en dépit des embûches et des traumatismes que la vie ne se prive pas de mettre sur notre chemin. Il a beaucoup de caractère, mais un très bon caractère... Tout comme moi! Ce fort caractère permet de réussir et de s'en sortir face à l'épreuve.

Ce qui ne nous a pas empêchés de nous fâcher, hier : un reproche, une dispute, des «représailles» qui n'auraient même pas dû avoir lieu. Tout ça pour une bêtise... Mon mari est un boudeur, moi une huître qui se referme aussitôt dans ce genre de circonstances. Autant vous dire que j'attends toujours avec une grande impatience le retour au calme, à la fin du troisième jour! Parce que, oui, en général, il y en a quand même pour trois jours...

En arrivant à l'appartement, je reçois un SMS de Thierry :

«Je fais du shopping, j'arrive...

— Dépêche, oui! J'ai une surprise pour toi!»

Pas de réponse. Je rêve... Ce caractère!... Mon portable s'allume enfin :

«T'es où?

— À la maison. Je reviens de la pharmacie.

— T'as pris du pain ??? »

J'aime ces trois points d'interrogation... Comment lui dire que j'ai autre chose en tête que d'aller acheter du pain ? Je souris, imaginant sa joie quand il va apprendre la nouvelle... Je le vois déjà faire des bonds de deux mètres !

Je tourne en rond, je trépigne. Comment lui annoncer ? C'est quand même idiot d'être en froid pile à ce moment-là... J'attends près de vingt minutes avant d'entendre la clé tourner dans la serrure. Le palpitant à son comble, je fonce jusqu'à la salle de bains et reviens. Il est là, au milieu de l'entrée, en train d'enlever sa veste et son écharpe. Je m'avance, un sourire jusqu'aux oreilles :

— J'ai une surprise !

Il me regarde en silence, l'air renfrogné. Je ne relève pas. Les bras derrière le dos, je lui demande :

— Quelle main ?

— Ben, la droite...

— Gagné !

Et je brandis mon trophée pile devant ses yeux. Il me fixe, incrédule :

— Qu'est-ce que ça veut dire ?

Comment ça, « qu'est-ce que ça veut dire » ? Je m'attendais à tout mais, là, je reste scotchée. Sans voix. Il aperçoit les larmes qui me montent aux yeux et comprend qu'il ne s'agit pas d'une farce. Mais comment aurais-je pu plaisanter avec ça ?!

L'annonce

Tout comme moi, il n'y croyait plus. Ça ne pouvait plus arriver. En tout cas, plus de façon naturelle.

Le parcours du combattant

Mon mari est parti s'asseoir sur un canapé du salon, groggy. Sous le coup de l'émotion, nous nous sommes à peine parlé de l'après-midi. Étrange réaction, me direz-vous. Bien différente de ce qui s'est passé pour ma première grossesse. Je me souviens de notre explosion de bonheur, de nos cris de joie, des bonds de mon mari qui ne touchait plus terre... Aujourd'hui, il ne bouge pas, il ne dit rien, lui qui d'habitude est un vrai moulin à paroles, lui qui croque la vie à pleines dents, lui qui fourmille d'idées et d'envies. Il va mettre quarante-huit heures à se remettre de l'annonce de cette grossesse miraculeuse.

Même si aucun souci de fertilité n'a jamais été décelé chez l'un ou l'autre d'entre nous, le traumatisme d'une première fausse couche à deux mois et demi de grossesse, la succession de procréations médicalement assistées (PMA) qui ont suivi, l'échec de la plupart des fécondations *in vitro* (FIV) que j'ai subies, la disparition de Jade, les difficultés à me réapproprier mon corps avaient fini par nous persuader de l'impossibilité que je tombe de nouveau enceinte. Si seulement nous n'avions pas enduré tout cela, je pense que notre réaction aurait été totalement différente.

Malgré tout, terriblement ému, il a très vite appelé sa mère, et j'entends encore l'écho de son cri de joie. Quelques semaines plus tôt, après lui avoir envoyé les rushes d'un film publicitaire que nous venions de tourner ensemble, elle lui avait fait cette remarque étonnante : « Mais, dis-moi, chéri : Ingrid ne serait-elle pas enceinte ? » Devant le silence de son fils, elle s'était empressée de s'excuser, se rappelant à quel point le sujet était douloureux. Sauf qu'elle avait raison et que personne d'autre ne s'en était aperçu – pas même nous ! Alors que, à bien y regarder, on peut en effet voir dès la première scène que mon ventre est légèrement bombé (bon, je venais de manger une pizza...). J'étais bien enceinte mais de quelques jours seulement, et cette petite vie semblait vouloir se manifester de façon très précoce. Ce qui n'a pas échappé à sa grand-mère !... Ce n'est que quinze jours après que j'ai osé prendre la décision de faire le fameux test.

La veille, j'étais dans ma loge au théâtre en train de me préparer. J'aime arriver presque deux heures à l'avance, pour avoir le temps de rentrer dans ma bulle, dans cette grande pièce bleu pâle qu'au fil des représentations je ne cesse de personnaliser. Avec les photos de ceux que j'aime, posées sur ma coiffeuse, des lettres qui me sont chères, le doudou de Jade, mais aussi les fleurs, les petits bouddhas que j'adore, les bougies et les dessins offerts par mes fans. L'ambiance est telle au sein de la troupe que les portes des loges restent ouvertes et qu'il n'est pas rare que l'un ou l'autre passe la tête et vienne bavarder. Ce soir-là, avant de monter sur scène, j'ai pris le temps de faire part de mon pressentiment, d'évoquer les «symptômes troublants» que je ressentais, à ma mère puis à Sandrine, une amie qui, après vingt ans d'espoir et autant de désespoir, vient enfin d'avoir un enfant.

La difficulté de tomber enceinte n'est-elle pas le fléau de notre génération? Pendant les hospitalisations de notre petite Jade à Necker, on se disait souvent au cours de nos allers et retours à pied entre la maison et l'hôpital que, malgré un démarrage compliqué et la lourde opération à cœur ouvert qu'il faudrait assumer, on avait quand même une chance inouïe. Celle d'être parents.

Je n'ai jamais été épargnée, même à l'adolescence. À quatorze ans, on m'a diagnostiqué un kyste fonctionnel sur un ovaire. Ce kyste, gros comme une orange, avait à cause de son poids basculé du côté opposé en s'enroulant autour d'une trompe. Les douleurs étant insupportables, certains médecins avaient d'abord cru à des coliques néphrétiques, d'autres à du cinéma : je voulais déjà devenir comédienne, mais tout de même ! Jusqu'au jour où j'ai déclaré que je préférerais me tirer une balle dans la tête plutôt que de continuer à souffrir autant. Ma mère, paniquée, comprenant qu'il ne me serait jamais venu à l'idée de dire une chose pareille sans raison, a pris la sage décision de m'emmener aux urgences. Ce qui m'a permis d'être opérée au plus vite ; à quelques heures près, je risquais la stérilité ! Je m'en suis très bien sortie, j'ai juste pris conscience que la vie d'une fille n'était pas toute rose...

Moins de dix ans plus tard, de nouvelles douleurs sont apparues dans la même zone. Cette fois, je souffrais d'une endométriose, qui nécessitait une nouvelle intervention chirurgicale. L'endométriose n'est pas une maladie en soi, mais provoque une gêne et peut devenir une cause d'infertilité. Des adhérences se forment et se développent sur le col utérin, les trompes ou les ovaires. Une intervention par cœlioscopie permet de les éliminer. J'en ai eu droit à deux, à quelques années d'intervalle. Ces opérations sont assez douloureuses parce qu'on incise le ventre en plusieurs endroits et que, pour faciliter l'intervention, on injecte un gaz qui, après, s'évacue lentement par le haut du corps, mais certaines bulles peuvent rester coincées sous les clavicules, ce qui fait mal, très mal... Tous ces problèmes m'ont fait deviner assez vite qu'il me serait difficile de devenir mère, voire impossible.

Lorsque nous nous sommes rencontrés, Thierry et moi, nous savions qu'il ne faudrait pas tarder si nous voulions fonder une famille. Or, c'était notre désir le plus cher. Nous avions l'un et l'autre pas loin de quarante ans – âge où la fertilité baisse considérablement, pour dégringoler passé la quarantaine. J'ai donc pris soin d'arrêter ma contraception rapidement, et nous avons eu le bonheur, deux mois après notre mariage, de découvrir que j'attendais un enfant. Nous étions ensemble en tournage, dans le joli village de Cassis, et cela reste un moment inoubliable. La première grossesse a un impact particulier, surtout lorsqu'elle survient à un certain âge. Nous avions projeté d'avoir un premier bébé naturel, puis d'en adopter un second. C'était notre idéal. Mais en rentrant à Paris, à l'issue de notre tournage, nous avons appris que j'avais fait une fausse couche. J'avais eu quelques symptômes que je devinais inquiétants, une petite perte de sang qui peut ne pas être anormale au cours de la grossesse. Mais ce que j'avais pressenti nous a été confirmé à la mi-décembre 2011, au cours de la deuxième échographie. Le petit embryon que nous avions aperçu deux mois auparavant, qui nous avait tant émus, avait considérablement grossi, mais il était sans vie...

Il est très courant de faire une fausse couche, environ une grossesse sur quatre s'achève ainsi, et une femme sur trois en fera l'expérience, le risque augmentant avec l'âge et pouvant atteindre les 50 %.

C'est dans ce douloureux moment que nous avons fait la rencontre du docteur Charles Tibi, l'obstétricien qui a eu la pénible tâche de pratiquer une intervention chirurgicale afin de retirer l'embryon. J'ai déjà évoqué cette intervention dans *À cœur ouvert*, mais je ne peux m'empêcher de redire à quel point j'ai été touchée par le regard qu'il a posé sur moi, lorsque j'étais sur la table d'opération, et par le fait qu'il ait chassé de sa main une larme qui roulait alors sur ma joue. Ce sont mes derniers souvenirs avant que l'on m'endorme et, pour avoir subi un certain nombre d'anesthésies, je sais à quel point il est important de fermer les yeux sur une sensation réconfortante ou une pensée positive. Ça diminue le stress de l'inconnu et allège une situation délicate ou douloureuse. Pensez-y si, un jour, vous devez affronter une anesthésie générale : image positive obligatoire !

Passé le choc de cette première mésaventure, je tente pendant quelques mois de retomber enceinte. D'autant que, après une fausse couche, m'ont expliqué les médecins, toutes les hormones étant encore en ébullition, les chances d'attendre de nouveau un enfant sont plus grandes. En vain. Le traumatisme est sans doute bien plus important que ce que je laisse paraître. L'espoir ne s'est pas envolé, mais le désir et l'impatience augmentent. Nous allons bientôt fêter notre premier anniversaire de mariage et nous ne voulons pas perdre de temps. Au bout de six mois, ma gynécologue me conseille de retourner voir le docteur Tibi, spécialiste entre autres des grossesses difficiles. Après examen, mon taux de fertilité se révèle plutôt positif, voire un peu supérieur à la norme, vu mon âge. D'un commun accord, nous convenons d'avoir recours à l'insémination artificielle dans un premier temps, puis aux fécondations *in vitro*, si ça ne marche pas. C'est le début de notre long parcours du combattant pour avoir un enfant.

Nous vivons pourtant notre première insémination artificielle en toute légèreté ou, en tout cas, de façon plutôt ludique, en imaginant que les choses vont être simples. Nous pensons avoir trouvé un moyen pratique, relativement dénué de contraintes, de concrétiser notre désir d'enfant. En l'absence de problème de fertilité, nous apparaissons aux yeux de la médecine comme un couple « facile ». Il suffit de pallier, par un petit coup de pouce, le stress des mois qui défilent sans que je parvienne à tomber enceinte.

Nous avons aujourd'hui le pouvoir et les moyens techniques de paraître plus beaux, plus jeunes, même dans certains cas figés de façon caricaturale. Les résultats sont bluffants et apportent un mieux-être considérable. Mais, malgré ces exploits, nous avons du mal à retarder l'effet du vieillissement de nos fonctions de reproduction, surtout pour nous, les femmes. Parce que le désir d'enfant surgit de plus en plus tard, que nous faisons des études plus longues, que nous sommes plus actives, plus indépendantes, plus impliquées professionnellement, avec davantage de responsabilités, qu'il n'est pas non plus évident de rencontrer le père idéal et que les couples sont fragiles, beaucoup se font rattraper par la terrible pression de l'horloge biologique. La science, malheureusement, et la législation n'ont pas suivi le même rythme. Nous sommes, en France, en retard et très mal renseignés sur certains procédés qui permettraient de pouvoir concevoir un enfant même tardivement, au-delà de ce que la loi de la nature accorde ou consent. L'idée n'étant pas d'autoriser à donner naissance à un âge irraisonnable, mais d'offrir la possibilité à des femmes un peu plus âgées de devenir mères, grâce à la congélation de leurs ovocytes. Hormis pour les femmes qui subissent un traitement médical susceptible de les rendre stériles – telle une chimiothérapie – ou celles dont la fertilité risque d'être prématurément altérée, cette technique est encore interdite en France, alors qu'elle est autorisée aux États-Unis, en Espagne, en Belgique ou en Italie ! En France, les hommes ont le droit de congeler leurs spermatozoïdes pour « convenance personnelle » ! Inégalité méconnue et tenace, qui empêche les couples d'utiliser leur propre capital génétique, en cas de difficulté tardive. J'espère sincèrement que les choses vont changer, alors qu'on déplorait en 2015 une baisse des naissances. Je reviendrai plus tard sur le don d'ovocytes puisque mon mari et moi l'avions envisagé, et même programmé.

Pour notre première insémination, nous n'avons rien d'autre à faire que de surveiller de près mon pic d'ovulation, à l'aide d'un test urinaire assez semblable à un test de grossesse. Doit apparaître sur la fenêtre de contrôle un petit smiley, qui indique que nous entrons dans les quatre jours les plus propices. Arrive enfin le moment où je peux envoyer par SMS à notre obstétricien ce smiley qui veut dire que nous allons nous revoir très vite et qui me met en joie ! Rendez-vous est pris pour le lendemain. Il ne reste plus qu'à déposer les « prétendants » au plus près de mon ovule, puis de les laisser faire connaissance pendant une petite demi-heure, avant de repartir à la maison, comme si de rien n'était... Facile, indolore, nous sommes confiants, souriants à l'idée qu'une course folle se déroule à l'intérieur de mon ventre, qui débouchera sur une fécondation et la création d'un petit embryon. Le plus dur étant d'attendre douze jours, date à laquelle une prise de sang confirme, ou non, un début de grossesse.

J'imagine que vous êtes nombreuses à vous dire : « Eh oui, j'ai vécu ça moi aussi... » Tant d'espoir, tant d'enthousiasme pour bien souvent autant d'échecs. On croit que les choses sont simples, que l'on a mâché le travail à tout ce petit monde et qu'il ne reste plus grand-chose à faire. La réalité est malheureusement tout autre. Malgré un avis médical très favorable, des résultats d'examen plus que positifs, la première insémination est un échec. La seconde aussi. Sans être inquiets, nous décidons sur les conseils de notre médecin de passer directement à la vitesse supérieure.

Après une nouvelle salve d'examens aux résultats toujours positifs, une fécondation *in vitro* est programmée. Nous nous rendons simplement compte, au cours du premier protocole, que l'ovaire qu'on m'a opéré à l'adolescence développe moins de follicules, mais rien d'alarmant : l'autre fonctionne à merveille.

La première fois que l'on se lance dans ce genre d'« aventure », on n'est absolument pas conscient de ce qui nous attend. On est dans l'inconnu le plus total. Nous avons cependant la chance d'être remarquablement accompagnés par notre médecin, le docteur Tibi, tout au long de ce parcours long, fastidieux et éprouvant que sont les FIV. Je n'ai jamais abordé ce sujet ni évoqué tout ce que nous avons vécu, mon mari et moi. La pudeur, déjà, et la difficulté psychologique d'en parler m'en empêchaient. Je souhaitais rester concentrée sur notre désir d'enfant, ne pas l'ébruiter pour ne pas être « polluée ».

Ne pas exposer encore davantage notre intimité. Mais, aujourd'hui, ma démarche est différente. J'ai changé de point de vue. Je me sens presque obligée de dévoiler cette succession d'épreuves que certains affrontent pour devenir parents. De plus en plus de couples étant désormais concernés, quel que soit leur âge.

Ce n'est pas la comédienne qui se confie ici, mais juste une femme, une maman qui, comme beaucoup d'entre vous, se bat, connaît des moments de doute et de peur, de tristesse et d'euphorie, d'espoir puis de découragement. Parce que ces traitements médicaux sont lourds physiquement et moralement, et plus encore lorsque l'on est confronté à l'échec. Et parce que ces échecs sont nombreux : on réalise très vite que les pourcentages de réussite ne sont pas si conséquents. Mon mari et moi avons eu le courage de faire cinq FIV, autrement dit, cinq stimulations ovariennes importantes, non sans risque pour la santé, non sans influence sur le moral et la sexualité. Cinq anesthésies générales pour moi, cinq ponctions ovariennes, cinq transferts d'embryons. Sans compter les innombrables dons de sperme de mon mari : nous avions fini par prendre le parti d'en rire : « Chérie, je descends au labo ! », lancé avec un clin d'œil. Ceux qui l'ont vécu savent de quoi je parle...

Mon mari et moi, nous nous sommes conditionnés (de ce point de vue, nous sommes les mêmes).

Nous avons voulu dès le départ nous montrer forts, ne pas subir. Considérer que chaque nouvelle tentative était avant tout une chance supplémentaire d'avoir un bébé. Que peu importait tout ce qu'il fallait endurer. Être toujours plus enthousiastes et confiants. Et dédramatiser.

C'est très dur physiquement. J'ai souffert, essayé de ne rien dire, de prendre sur moi. Pendant les traitements, j'étais parfois en tournage ou sur scène, avec des migraines, des crampes, le ventre meurtri, gonflé par les hormones, les piqûres quotidiennes à se faire soi-même chaque soir d'un côté ou de l'autre, pour stimuler au mieux les ovaires. Vers la fin du protocole, on peut à peine marcher tant cette stimulation est importante. Et puis, ces fameuses hormones qui s'accumulent dans notre corps ont un impact sur notre moral, notre comportement, nos sautes d'humeur, quelquefois bien difficiles à maîtriser...

Vient ensuite la phase des échographies, une toutes les quarante-huit heures, afin d'évaluer la formation des follicules, d'examiner leur maturité et, en fonction, de modifier le dosage hormonal. Tout cela est d'une extrême précision et différent pour chaque femme, selon la manière dont son corps réagit. D'une patiente à l'autre, les réponses ne sont jamais exactement les mêmes mais dépendent de son âge, de sa pathologie, de son organisme. Nous devons nous livrer en toute confiance, sans comprendre – tout du moins au début – ce qui se passe réellement.

Le jour de la ponction des ovocytes est très important psychologiquement. Il suscite tant d'angoisse et d'espoir que l'intervention se fait le plus souvent sous anesthésie générale, afin de limiter le stress. C'est à l'issue de cette opération que l'on sélectionne les « œufs » qui, après examen, pourront être mis au contact de leurs prétendants, les spermatozoïdes, dans les meilleures conditions possible – une étuve à 37 °C. À la nature de faire le reste : comme dans le corps de la femme, c'est aux prétendants d'aller au contact de l'ovocyte pour le féconder... Il arrive que les spécialistes préconisent de n'injecter à l'intérieur même de l'ovocyte qu'un seul spermatozoïde – la rude sélection s'étant faite par le biais d'un microscope extrêmement puissant qui a permis d'étudier minutieusement sa morphologie, sa mobilité et sa vivacité. On parle alors de FIV ICSI : cette technique, recommandée lorsque le partenaire ne peut fournir une quantité suffisante de spermatozoïdes de qualité, a permis de résoudre des problèmes d'infécondité restés jusque-là sans solution. Je m'égare un peu dans des explications médicales – assez simplifiées d'ailleurs –, mais je pense que cela peut éclairer certains d'entre vous. De toute façon, quelle que soit la pratique, les pourcentages de réussite sont assez équivalents : le taux de fécondation tourne autour de 50 %...

On laisse à tout ce petit monde le temps de faire connaissance pendant la nuit et, dès le lendemain, on sait le nombre d'ovocytes fécondés, puis on suit l'évolution heure par heure, en général pendant cinq jours. L'échec peut subvenir dès le lendemain, mais certains embryons peuvent aussi cesser de croître, ou mal se développer, dans les jours qui suivent. On débute souvent avec un chiffre assez important et, au fur et à mesure que les jours avancent, l'étau se resserre, les chiffres diminuent et l'angoisse monte. On ne peut jamais préjuger du résultat, et chaque jour correspond à une évolution vers un espoir ou un échec. On comprend que ces résultats quotidiens, attendus, redoutés, puissent facilement virer à l'obsession... Et quand c'est possible, le cinquième jour, on procède au transfert. Une jeune femme du labo arrive avec la petite pipette et, très solennellement d'ailleurs, vous déclare : « Monsieur et madame Untel, vos deux embryons, à telle heure... » Et l'obstétricien effectue le transfert. C'est un moment émouvant parce qu'il se fait sous échographie : on voit donc entrer la petite pipette et deux petits points blancs aller se nicher tout au fond de l'utérus. Débute alors l'attente. Douze jours avant de faire une prise de sang pour savoir si l'on est bien enceinte ou non... C'est une période terrible, pendant laquelle on n'arrête pas de s'interroger. On est à l'affût du moindre signe. À l'issue de ces douze jours, si ça n'a pas pris, les règles se déclenchent. Mais ce qui est difficile à vivre, c'est que les symptômes des règles ou d'un début de grossesse sont plus ou moins identiques...

Les trois premières tentatives ont été des échecs et, à la quatrième, le labo m'annonce :

— Vous êtes enceinte, mais le taux est très faible... Parlez-en à votre obstétricien...

J'appelle alors mon mari pour le prévenir que je suis « un peu enceinte ».

— Comment ça ?! Tu es enceinte ou tu ne l'es pas, chérie ! Tu ne peux pas l'être un peu !

— Si, mais ça semble très fragile... Je peux faire une fausse couche d'une minute à l'autre...

Le docteur Tibi me confirme que ce genre de taux est souvent annonciateur d'une grossesse qui n'aboutira pas et décide de la « booster ». Je repars pour trois mois d'hormones, à base d'ovules, de patchs sur le ventre. Trois mois de stress : est-ce que ça va tenir ou pas ? Est-ce que je peux vivre normalement ? Un matin, au réveil, je m'aperçois que je n'éprouve plus du tout la même sensation au niveau de ma poitrine, qu'elle est moins lourde, moins tendue. Il se passe quelque chose ! J'appelle Charles Tibi qui, aussitôt, double la dose d'hormones... Et voilà, grâce à tout cela, nous avons réussi, notre petite Jade est née, mais à quel prix !

Quoi qu'il en soit et quoi qu'on vous dise, il faut apprendre à ne jamais se décourager : la moindre lueur d'espoir permet bien des surprises ! Il a, en effet, été souvent diagnostiqué chez des couples une infertilité irréversible, comme ce fut le cas pour un couple d'amis. Malgré ce verdict sans appel, ils viennent d'avoir une magnifique petite fille, qui plus est sans la moindre aide médicale ! Allez savoir pourquoi, comment... Nous sommes loin de tout maîtriser. C'est la vie, la nature qui décident, et elles sont aussi imprévisibles que pleines de rebondissements !

Pour faire face à la procréation médicalement assistée, il est néanmoins important de beaucoup se parler et surtout de s'aimer. Les médecins ne cachent pas ce que ce parcours a d'éprouvant. Ils n'hésitent pas à parler de montagnes russes émotionnelles. Et ils ont raison. La PMA est une épreuve qui resserre les couples soudés et disloque ceux qui sont déjà fragilisés. Mais combien de couples sont-ils assez solides pour résister à des années d'attente et de frustration ? Combien de fois ai-je été le témoin de tensions et de drames, après l'échec de toutes les tentatives ? Beaucoup d'entre vous se sont confiés à moi sans même savoir que mon mari et moi traversions le même type d'épreuves. Je n'osais pas le dire, je crois que je ne voulais pas que l'on puisse supposer que notre couple rencontrait la moindre difficulté. Je voulais donner l'image d'une femme qui assure ! Pourtant, je l'avoue, j'ai eu bien des fois envie de me confier à mon tour. Lâcher un peu les armes, partager, échanger, me sentir comprise par quelqu'un qui connaît toutes les facettes de ce combat. Excepté au sein de mon couple ou de mon cercle familial très proche, on m'a toujours perçue comme une « héroïne ». En dehors de notre tragédie personnelle, on ne pouvait soupçonner une quelconque faiblesse. Chacun a toujours pensé que, pour moi, les choses étaient plus simples, plus faciles ou évidentes. Alors, au fil du temps, on apprend à prendre sur soi, on cultive cette image, et celle-ci finit par nous rattraper – ce qui est très positif. En tout cas, c'est ce que je vis. À force de donner l'image d'une femme forte, peu à peu on le devient. C'est pourquoi je ne cesse de répéter à ceux que je rencontre d'aller de l'avant, de se forcer à rester debout, de réapprendre à sourire, de s'autoriser à avoir des rêves et des envies.

Pendant les FIV, beaucoup de couples cessent toute activité sexuelle. Usés par des mois, voire des années de rapports sexuels « obligatoires », prescrits à des dates précises. Usés aussi par tous ces examens dont certains sont très intrusifs et que l'on peut vivre comme un viol de notre intimité. Le processus reste très déstabilisant, même avec un solide sens de l'humour. Pour s'en sortir, une immense dose d'amour est nécessaire. Car la disparition du désir peut aussi signifier le désamour et provoquer la rupture. Une chute de la libido est une conséquence normale des traitements subis et, si tous les couples en étaient prévenus par l'équipe médicale qui les accompagne, peut-être pourraient-ils s'armer de davantage de patience et de compréhension...

Un certain nombre de couples se brisent également lors du «verdict» de la première FIV. Une étude a montré que 30 % de ceux qui échouent lors de cette première tentative ne recommencent pas. C'est considérable. J'espère simplement que cela ne les empêche pas de devenir parents, d'une manière ou d'une autre. Et que ces 30 % ne sont pas voués d'office à une explosion de leur couple.

Il n'est pas rare non plus que, en cas de stérilité masculine, les femmes en viennent à ressentir un violent ressentiment. Parce que c'est à elles qu'il revient d'endosser la totalité des traitements lourds. Au début, elles se montrent compréhensives, mais parfois les relations finissent par se dégrader. Certaines ont du mal à concevoir que leur compagnon se plaigne de devoir faire un spermogramme, alors qu'elles doivent s'infliger des piqûres dans le ventre deux fois par jour et subir les conséquences désastreuses d'une telle surcharge hormonale. Certaines prennent jusqu'à dix kilos, voient leur corps se déformer, se sentent de plus en plus fragiles, et pourtant, s'affligent-elles, c'est leur compagnon qui déprime !

Enfin, dans certains cas, ce sont les médecins eux-mêmes qui, à force de se blinder tant leur rôle est difficile, finissent par avoir des paroles un peu abruptes, déstabilisantes, inappropriées, voire traumatisantes. Leur discours, parfois maladroit, sur le temps qui passe et les chances de tomber enceinte qui diminuent inflige une pression supplémentaire à leurs patientes et provoque chez certaines un sentiment de panique, bien qu'on sache à quel point le mental est important pour avoir un enfant. Obsédées par la crainte de perdre ce temps précieux, nous sommes nombreuses à enchaîner les tentatives de manière mécanique et désespérée. Beaucoup sont prêtes à tout, quels que soient les souffrances et les risques qu'elles font courir à leur santé. Je sais de quoi je parle : c'est exactement ce que j'ai fait... Un jour, un obstétricien m'a dit : «J'en ai vu qui, au bout de six ans de FIV, avaient pris quinze kilos et étaient dans un état pitoyable.» Et l'une de ces femmes m'a raconté ce dialogue avec sa gynécologue :

«J'ai encore fait une tentative.

— De suicide ou de FIV ?»

Cela fait froid dans le dos.

Apprendre à lâcher prise, voilà ce que nous devons impérativement nous imposer. Facile à dire. Et pourtant, comme par hasard, c'est souvent lorsqu'on lâche réellement prise que certains miracles se produisent. On m'a ainsi rapporté une histoire presque similaire à la nôtre : une femme, dont les trompes sont obstruées, tente sept FIV en quatre ans. À la dernière, elle a quarante ans, et son médecin lui déconseille fortement de continuer. Le couple est désespéré. Qui ne le serait pas à leur place ? Heureusement, la procédure d'adoption amorcée quatre ans plus tôt finit par aboutir : un bébé de trois mois leur est attribué... C'est merveilleux ! Et pourtant, dans la foulée, la jeune maman décide de tenter une dernière FIV, en toute décontraction. Son médecin la prévient : « Il y a une chance sur un million que ça marche ! » Cette chance, elle la tente quand même, comme au Loto... et elle tombe enceinte de jumelles !

Cette belle histoire demeure exceptionnelle. Les trois quarts des femmes qui font des FIV ne parviennent pas à avoir d'enfant. C'est un sujet tabou. Encore un. La médecine préfère les oublier. C'est pourquoi il est important de connaître toutes les possibilités de devenir parents qui existent en France et à l'étranger. Ce livre pourra peut-être vous apporter une aide, enfin je l'espère.

Un tableau aussi sombre de la PMA ne doit pas pour autant faire oublier que, chaque année, grâce à ces techniques, ce sont quelque huit mille bébés qui naissent, en bonne santé. Et pas forcément à l'issue d'un parcours dramatique ! Certaines femmes tombent enceintes dès la première ou la deuxième tentative. Selon une étude, la moyenne de réussite se situe, pour la moitié des femmes de moins de quarante ans, autour de la quatrième FIV.

Notre cas est différent de celui de la femme aux jumelles miraculeuses puisque notre projet d'adoption ne s'est pas encore concrétisé ; mais nous avions abandonné l'idée que je tombe enceinte naturellement, nous en avions fait notre deuil. Nous étions focalisés sur la future rencontre avec le bébé que nous allions adopter et sur le don d'ovocytes que je devais recevoir et qui avait été programmé, à la fin d'*Avanti !*. En dernier espoir, nous avions fini par nous tourner vers cette solution, et avions même décroché un rendez-vous pour la semaine suivant ce 15 octobre avec un cabinet qui met les couples en relation avec une clinique espagnole qui permet les dons d'ovocytes... L'équipe médicale, en recevant mon mail d'annulation, a d'ailleurs cru que je me débinais. L'excuse de ma grossesse lui paraissait trop grosse ! Elle nous a ensuite fait parvenir un message d'une extrême bienveillance, nous souhaitant bonne chance en précisant rester, si besoin, à notre disposition. Ces dons d'ovocytes constituent une réelle solution aux cas désespérés et, avant quarante-quatre ans, le protocole est remboursé par la Sécurité sociale.

Mon mari et moi avions longuement évoqué cette possibilité, et j'avais finalement accepté d'y avoir recours, par amour. Mais je gardais en moi la frustration immense d'être privée d'un bébé « à moi », alors que nous n'avions aucun problème de fertilité. Ma réflexion aurait, bien sûr, été tout autre si nous avions été dans une situation médicalement compliquée. Car le don d'ovocytes permet d'être là dès la conception de l'enfant, de le porter en lui offrant tout ce dont il a besoin et de lui donner naissance.

Aujourd'hui, j'achève enfin ce parcours du combattant ! Victorieuse, bouleversée au plus haut point par ce don du ciel, je ne peux pas ne pas prévenir Charles, ce médecin avec qui nous avons partagé tant de choses, certaines merveilleuses, d'autres terrifiantes. Qui nous a accompagnés, soutenus, sans jamais manquer à l'appel. Mon test de grossesse positif à la main, je compose son numéro en espérant qu'il décroche. Je ne suis pas sûre d'oser lui laisser un message, pas de cet ordre-là. Je préférerais lui parler de vive voix. Décidément, mon cœur ne cesse de s'emballer, ce matin ! Le docteur Tibi me répond au bout de deux sonneries à peine :

— Bonjour, Ingrid, comment allez-vous ?

— Charles, je suis enceinte !

Ma voix tremble, il le sent. Je devine qu'il est en pleine consultation. Malgré tout, il prend le temps de poursuivre :

— Enceinte ! C'est merveilleux mais...

— Euh, de façon naturelle, Charles. Comme un cadeau du ciel !

— C'est extraordinaire, je suis tellement heureux pour vous ! Allez faire une prise de sang et, en fonction du taux, prévoyons de nous voir pour dater la grossesse.

À la chaleur de sa voix, j'imagine le sourire sur son visage. Lui et moi savons à quel point cette nouvelle est précieuse, exceptionnelle.

Et puis, d'un coup, je visualise la pauvre patiente qui attend, sans doute dans une position des moins confortables, voire extrêmement gênante. Ça m'est déjà arrivé, mais là, pour le coup, je n'ose pas vous le raconter en détail...

Je raccroche. Assise sur mon lit, je prends pleinement conscience de ce que je suis en train de vivre depuis bientôt deux heures. C'est stupéfiant de constater à quel point la vie peut basculer du tout au tout, en un instant. Dans le bon ou le mauvais sens. Et il semblerait que, aujourd'hui, elle veuille nous offrir le meilleur. Ce matin, j'ai déclaré à Thierry, dans une intuition : «Je sens que c'est un petit garçon et que tout va bien se passer...» Il m'a regardée, l'air de dire : «Et tu prends combien pour la consultation de voyance?» Nous avons échangé un sourire. Il n'empêche que, depuis, son regard a changé, on y voit comme une petite étincelle. Celle de l'espoir et d'un bonheur retrouvé.

Comme dans un rêve

Très vite, les questions m'assaillent. Ai-je le droit ? Et Jade ? Je ne voudrais pas qu'elle puisse imaginer qu'un jour je pourrais l'oublier.

« Tu ne seras jamais remplacée, ma petite princesse aux longs cils. Jamais je n'oublierai ton doux regard, si franc. Non, sois-en persuadée ! » Je suis prise d'un vertige, je ne maîtrise plus rien. Et puis, je sens comme une caresse sur mon cœur, qui semble vouloir me dire : « Tu es prête, maman, et moi je suis toujours là... » Une larme jaillit et glisse délicatement le long de ma joue. Un sourire tendre se dessine sur mes lèvres.

Je vais pouvoir reprendre le cours de ma journée d'un pas plus léger.

À cinq heures et demie, j'ai rendez-vous aux Bouffes-Parisiens avec toute la troupe d'*Avanti !*, pour une grande interview avec une dizaine de journalistes du Web. Ce qui à la base est une torture pour moi m'apparaît aujourd'hui comme un exercice insurmontable ! Je fais le trajet en métro jusqu'au théâtre dans un état d'hypnose. J'ai pris l'habitude d'utiliser le métro et j'adore ça. C'est rapide et pratique. Lorsque certains me reconnaissent, la situation peut devenir cocasse, mais peu importe, j'ai besoin de vivre le plus normalement possible.

En ce moment, nous sommes en pleine promotion de la pièce. On nous voit donc souvent à la radio et à la télévision et, dans le métro, des affiches d'*Avanti !* fleurissent un peu partout. Il y a trois semaines, je me suis assise sans m'en rendre compte juste en dessous d'une affiche me représentant en quatre mètres sur trois à côté de Francis Huster ! Forcément, j'ai été prise en photo. Surprise, ne comprenant pas pourquoi on avait ressenti le besoin d'immortaliser l'instant, je me suis retournée. Et j'ai sursauté en me découvrant en géante et de si près !... Je me suis fait avoir une fois, pas deux : depuis, je prends soin de m'éloigner lorsque je me recroise !

Cet après-midi, je ne parviens pas à me concentrer sur ce que je fais. Je monte dans une rame puis en descends, sans même m'en apercevoir. Je marche comme un automate. Plongée dans mes pensées. À la fois comblée et tellement inquiète...

Dans la rue, un vent froid souffle. Emmitouflée dans ma doudoune et mon écharpe, le visage protégé d'une capuche, j'avance vers le théâtre. Je sens que, dès que j'en aurai franchi le seuil, on va me demander ce que j'ai... Mais, avant d'avoir eu le temps de m'approcher des portes, je croise déjà un premier regard, celui de Steve. De sa voix douce qui le caractérise si bien, il me demande comment je vais. Gênée, j'ose à peine le regarder.

— Ça va, oui. Et toi ?

Je lui souris et reprends mon chemin. Il connaît ma pudeur et l'a toujours respectée. Il n'a pas insisté alors qu'il a senti, j'en suis sûre, que quelque chose était différent. Mon être tout entier reflète ce qui m'arrive. J'ai la sensation que je vais étouffer, que je ne vais pas pouvoir garder pour moi ma précieuse nouvelle. Que c'est même impossible !

Après un long dédale de couloirs, je rejoins ma loge. Je laisse tomber mon sac sur le sol, m'assois sur le canapé, les yeux dans le vague. Je reste immobile un long moment, essayant de mettre de l'ordre dans mon esprit, de canaliser mes émotions.

Les journalistes doivent déjà être sur le plateau et, dans moins de deux heures, je serai sur scène, devant un public qui ignore tout de mon état. Pour la première fois, je vais jouer en sachant que j'ai en moi un petit morceau de vie. C'est à peine croyable, et personne ne peut l'imaginer. Jamais, d'ailleurs, je ne l'avais envisagé ! J'ai pensé mille fois à l'appel tant attendu du centre d'adoption, me voyant prendre mes cliques et mes claques et partir de toute urgence à la rencontre de cette fabuleuse histoire d'amour se profilant. Cas de force majeure, me suis-je toujours dit. Rien ni personne ne me fera rater un tel rendez-vous, qui peut survenir n'importe quand et sans la moindre alerte. Car, si l'on ne peut pas se libérer, notre dossier redescend *illico* tout en bas de la pile !... La seule indication dont on dispose est que cet appel aura lieu forcément un vendredi. Parce que les décisions du conseil de famille se prennent ce jour-là. Un appel le vendredi, pour une éventuelle rencontre le samedi. Malgré le cadeau immense que m'offre la vie avec cette grossesse, j'espère de tout cœur recevoir cet appel dans les meilleurs délais. Plus d'un an et demi que nous attendons... Au moins, on ne pourra pas m'accuser d'être privilégiée parce que je suis connue. Et, en dépit de la frustration que provoque cette attente, il est juste que les décisions comme les attributions se fassent dans un certain ordre. Le plus important, ce sont les enfants, et il est primordial qu'ils soient placés au mieux, chez les « meilleurs » parents qui soient pour eux. Nous ne sommes pas les parents idéaux pour tous les enfants, et prendre en considération cet état de fait est essentiel. C'est une des raisons pour lesquelles, lorsque l'on s'adresse à son conseil général au début de la procédure d'adoption, on nous attribue une psychologue et une assistante sociale qui nous suivent pendant, au minimum, neuf mois, avant de nous donner l'agrément. Neuf mois très symboliques qui permettent à chaque couple de mûrir son projet, d'en comprendre tous les tenants et les aboutissants. D'être conseillé sur une démarche qui n'est ni simple ni naturelle. Accueillir un enfant adopté, c'est accueillir un enfant qui a une histoire particulière, douloureuse, qu'il faut avoir la force de digérer et d'assumer soi-même, pour pouvoir lui en parler et lui permettre d'aller de l'avant...

Mon bébé va arriver dans une famille qui a, elle aussi, une histoire particulière. Je ne lui cacherai rien, il faudra juste trouver les bons mots pour lui parler de sa grande sœur...

Je me lève, m'assois devant ma console de maquillage. Dans le tiroir traîne un paquet de cigarettes ; je vais les donner à Alice. Alice Carel, ma complice féminine au sein de la troupe. Elle est formidable, toujours souriante et si sensible : c'est le genre de femmes à qui il faut éviter de faire de trop grosses blagues ! Si on s'amuse, par exemple, à jouer à lui faire peur comme des gamins, elle est capable de fondre en larmes ; on en a fait l'expérience et, la première fois, c'est très déstabilisant...

Je l'aime beaucoup. Avant que débutent nos représentations, elle m'a écrit une carte que je garde précieusement. Des mots qui me sont allés droit au cœur – ceux d'une maman, tout simplement.

Steve passe discrètement la tête à l'entrée de la loge pour m'annoncer que nous sommes tous attendus en plateau et qu'il est temps de descendre.

Je n'ai plus qu'une grosse poignée de secondes pour sortir de ma bulle.

En bas, les journalistes se sont déjà installés et ont dégainé blocs papier et microphones. Tous ces yeux fixés sur nous, je crois que je ne pourrai jamais m'y habituer. Mais je suis dans un tel état que je n'ai plus peur de rien ! Finalement, c'est assez bénéfique...

Un jour, en pleine répétition, Francis Huster a fait devant toute la troupe cette remarque : « Ingrid n'est jamais totalement là, elle se partage entre ici et ailleurs... » Il avait raison ! Et ce soir, devant les journalistes, je fais encore mieux en étant partagée en trois ! Un peu sur le plateau de ce théâtre magnifique, un peu auprès de cette toute nouvelle vie que je viens de découvrir, et un peu auprès de Jade – où que je sois, quoi que je fasse, Jade est toujours là... Malgré tout, j'entends ce qui se dit, je vois, j'acquiesce, je souris même, mais sans décrocher un mot. Je ne peux pas. J'aimerais réussir à prendre sur moi, à être parfaitement naturelle, à assurer comme le font si bien mes acolytes. Mais je fais juste acte de présence.

Mon attitude n'a pas échappé à la troupe. À l'issue de l'interview, Alice et Steve finissent par me lancer presque en même temps :

— Tu vas nous dire ce qui se passe, ou tu vas tout garder pour toi ?!

— Oui, oui, promis. Mais ne vous inquiétez pas, tout va bien...

Quelques minutes plus tard, je vois Alice, soucieuse, débarquer dans ma loge :

— Ingrid, qu'est-ce que tu as ? Tu as l'air tellement bizarre !

Je suis à ma fenêtre, en train de prendre l'air ; elle me rejoint. Dans un souffle, souriante et très émue, je m'élance et lui dis :

— J'ai appris ce matin que j'étais enceinte !

Elle est bouleversée. Ses yeux d'un bleu pâle trahissent sa grande sensibilité : aussitôt, ils se remplissent de larmes. J'ai en face de moi une maman qui, jusqu'alors, n'a que très rarement évoqué ses enfants devant moi, par respect. Pour ne pas créer de gêne ni réveiller en moi la douleur. Nous n'avons jamais pris le temps de parler ouvertement de ce qui m'était arrivé, mais j'ai compris par ses regards, ses gestes, ses attentions ce qu'elle voulait me dire et partager. Aujourd'hui, elle est plus qu'heureuse pour moi, pour nous. Et c'est avec un large sourire qu'elle repart vers sa loge se préparer. Sa réaction me touche profondément.

J'allume l'une des nombreuses bougies – la plupart parfumées à l'ambre – disposées dans ma loge. Chacune d'entre elles m'a été offerte par l'un de mes fans. Vous connaissez mes habitudes, mes préférences, et je trouve ça aussi incroyable qu'attendrissant. Certains d'entre vous sont d'une fidélité absolue depuis près de quinze ans. J'ai vu grandir des tout-petits, des fillettes se transformer en jeunes femmes. Que vous n'ayez que quelques années ou près de quatre-vingts ans, vous me témoignez votre amour et votre admiration. Je tiens à vous dire que je suis souvent émue aux larmes en lisant les lettres que vous m'envoyez, que beaucoup de nos rencontres restent inoubliables, et que je vous en suis infiniment reconnaissante. Merci. Merci du fond du cœur. Vous m'avez apporté énormément, et plus encore depuis le jour où je suis devenue maman... Nos parcours sont parfois similaires : j'apprends de vous. D'autres fois, c'est moi qui suis un exemple de force et vous apporte une aide ; vous me l'avez souvent écrit après avoir lu *À cœur ouvert* et j'en suis tellement heureuse.

Je me déshabille et enfile mon peignoir ; c'est d'habitude la première chose que je fais. Quand Steve apparaît dans l'encoignure, l'air interrogatif. Il me fixe en silence, quelques secondes qui paraissent une éternité. Je lui souris mais reste sans voix, mon regard planté dans le sien. J'inspire un bon coup. Je ne peux pas ne pas le lui dire, pas à lui. Nous ne nous sommes jamais réellement parlé, en tout cas pas de choses personnelles ou de notre vie intime : notre pudeur ne nous a pas permis de le faire. Mais nous nous respectons et nous comprenons profondément. Et je finis par lui annoncer la nouvelle, avec exactement les mêmes mots que pour Alice. Très ému, il me prend dans ses bras et murmure :

— Mais c'est ce que tu espérais, non ?

— Oui.

Et pourtant, je ne parviens toujours pas à y croire. Dans le creux de l'oreille, il ajoute alors :

— Tu as le droit au bonheur, Ingrid, plus que n'importe qui... Et tout va bien se passer, j'en suis sûr !

Ces paroles ne cessent depuis de résonner en moi. Pour les parents « orphelins », la joie se teinte aussitôt d'angoisse. Comment ne pas penser au pire ? Comment ne pas avoir peur ? Certains refusent même d'envisager une nouvelle grossesse de peur d'avoir à subir une nouvelle atrocité. Il arrive que le sort s'acharne. J'ai connu des parents qui avaient perdu deux, trois enfants d'affilée, chaque fois dans des conditions différentes. Comment survivre à cela ?

Je veux chasser cette idée. Ce bébé qui vient est un don du ciel, un miracle, un cadeau de Jade. Je n'ai qu'à ouvrir mon cœur et à accueillir cette petite vie qui débute en moi et que j'aime déjà.

J'ai joué ce soir avec mon grand secret au fond de moi et j'étais exactement comme Francis se plaît à me décrire. Un peu ici, un peu là-bas. Beaucoup ailleurs, je l'avoue. Comme dans un rêve. Une ambiance cotonneuse où les sons semblaient me parvenir de très loin. J'ai navigué entre deux eaux pendant près d'une heure trente. C'était étrange mais pas désagréable. Désormais, ce sera mon quotidien, je vais apprendre à le gérer, à le savourer, surtout. Je vais aussi devoir confier la nouvelle à l'ensemble de la troupe. Pas tout de suite, pas à tout le monde. Petit à petit. Naturellement. Mais, lorsqu'on joue enceinte, on est loin d'être au bout de ses surprises...

Une bulle d'amour

Les journées se succèdent, et chacune d'elles est un enchantement. Nos mères et grand-mère sont comblées elles aussi, heureuses comme jamais. Maman a laissé échapper sa joie lorsque je lui ai annoncé la nouvelle, et toutes les deux nous avons fini en larmes. Enfin, sa fille va retrouver un peu d'oxygène, de légèreté... Que ça fait du bien de pleurer de bonheur !

Ma grand-mère et Belle-Maman ont toutes deux pas loin de quatre-vingts ans (maman m'ayant eue très jeune, il y a un décalage entre nos deux familles) et sont un peu nostalgiques des années passées. Mais à l'idée de ce bébé qui va arriver, c'est comme si elles rajeunissaient ! Je les vois soudain déborder d'énergie et de projets, elles comptent bien en profiter le plus possible et je suis ravie de pouvoir leur donner cette joie. D'autant que l'accouchement est prévu pour le mois de juin, le mois d'anniversaire de mon grand-père : pour ses quatre-vingt-quatre ans, n'est-ce pas le plus beau des cadeaux ?

Aujourd'hui, c'est exceptionnel, pas la moindre sensation de nausée et, en arrivant au théâtre, je n'aurais même plutôt qu'une envie (qui m'est interdite !) : aller dévorer un plat de spaghettis à la poutargue concocté par Dario, dans notre cuisine commune, que j'adore. On la dirait tout droit sortie d'un film italien des années cinquante. Avant une séance de travail ou de dédicaces, nous nous sommes plus d'une fois retrouvés, Francis et moi, autour d'un plat de pâtes que nous avait livré Dondelli, le fameux restaurant italien situé en face du théâtre.

Je pose les yeux sur mon ventre, qui semble vouloir s'arrondir sans attendre la fin du troisième mois, contrairement à ce qui s'était produit pour Jade. Avec elle, mes seins m'avaient trahie assez vite mais, pour le reste, j'étais restée tranquille. Cette fois, ce n'est pas le cas : mon corps se transforme à vue d'œil, j'ai une faim de loup, et mes seins ne vont pas tarder à se développer de façon démesurée, j'en suis convaincue. Comment faire pour dissimuler mon bonheur jusqu'à la dernière représentation, le 3 janvier ? En attendant, je dois apprendre à gérer les petits maux de la grossesse, tant redoutés par la plupart des femmes et tant attendus par celles qui, comme moi, ont eu les plus grandes difficultés à tomber enceintes. Des petits tiraillements dans le bas-ventre, quelques vertiges, et je me réjouis ! Certains soirs, malgré tout, je vis de grands moments de solitude : le trac, chez moi, c'est le cœur qui s'emballe, l'envie d'aller faire pipi toutes les cinq minutes... Étant enceinte, j'en ai encore plus envie mais, durant toute la pièce, je n'ai qu'un seul et unique moment où je ne suis pas sur scène ! Deux petites minutes pendant lesquelles je dois aussi me changer : autrement dit, sortir de scène d'un côté, descendre des escaliers, longer un couloir, remonter d'autres escaliers, aller au bout d'un deuxième couloir, entrer dans ma loge, retirer jean, tee-shirt, ballerines, enfiler une robe, une paire de talons, courir aux toilettes et revenir sur scène ! Quand on n'est pas enceinte, on fonce sans se poser de question ; quand on est enceinte, on court aussi, mais moins vite et les mains sur le ventre (du coup, on ne peut pas se tenir pour descendre les escaliers !)... Il n'est pas non plus rare que je fasse mon entrée en scène avec un mal de cœur terrible. Moi qui ai, en plus, la phobie du vomi, j'aurais du mal à m'en remettre si ça m'arrivait en pleine représentation ! Alors j'ai toujours à portée de la main, en coulisses, quelques pastilles à la menthe et un verre d'eau dans lequel je fais fondre un sucre, avant d'accomplir mon rituel contre le trac avec Tony, notre garçon d'étage : une chaleureuse accolade qu'en aucun cas il ne faut oublier avant que le rideau se lève...

Je me sers de mon nouvel état d'esprit, des émotions que je ressens pour renforcer mon personnage par petites touches, lui ajouter une fragilité supplémentaire, un moment de faiblesse ou un surplus d'enthousiasme, d'euphorie là où ce n'était pas forcément prévu.

À part Francis que je ne veux pas perturber, les acteurs sont maintenant au courant et, chaque soir, j'ai droit à un accueil tout sourires, accompagné d'un petit regard interrogatif, comme pour s'assurer qu'il n'y a pas de problème. Et, chaque soir, j'ai la chance inouïe de pouvoir leur répondre un grand :

— Oui, tout va bien !

Je continue bien sûr à avoir peur et mon appréhension est légitime. Plus les jours passent, plus je redoute qu'une fausse couche ne vienne briser notre joie. Lorsque l'on a déjà vécu certaines épreuves, on se dit que ça peut recommencer, qu'il se peut que le sort s'acharne, que tout est possible. Le meilleur comme le pire. Si je faisais une fausse couche à deux mois de grossesse, je devrais subir une intervention chirurgicale. C'est en tout cas ce qui s'est produit la première fois. Au-delà de la nouvelle épreuve que cela représenterait, la pièce serait forcément interrompue par ma faute. Cela m'inquiète d'autant plus que, après une anesthésie générale et le réveil douloureux à tout point de vue qui s'ensuivrait, il me serait impossible de jouer le soir même.

Un tas de questions se bousculent dans mon esprit. La direction n'est pas informée de mon état, je ne voulais pas mettre « la charrue avant les bœufs », mais à présent je dois le faire. Si le pire devait se produire, je serais mal à l'aise de leur avoir caché ce risque !

Avant, je voudrais me confier à Hervé, notre habilleur. Il va être le premier confronté à mon évolution physique et nous devons en tenir compte pour les costumes. Hervé travaille depuis des années aux Bouffes-Parisiens, j'imagine qu'il a dû en voir, des grossesses, et en cacher plus d'une ! Devant sa loge, j'échange un regard complice avec Alice, assorti d'un clin d'œil, et poursuis vers celle d'Hervé.

Toc, toc, toc...

— Dis-moi, Hervé, je voulais te mettre dans la confidence...

— Hum, oui, laquelle ?

— Je viens d'apprendre que j'étais enceinte !

— Ah oui, d'accord... (Et avec un sourire :) C'est super, félicitations !

Notre Hervé est d'une discrétion exemplaire et pas ce qu'on appelle un expansif. Je ne pouvais donc pas m'attendre à une explosion de joie !

— Merci. C'est encore très tôt et je ne voudrais pas que la nouvelle s'ébruite. Mais je vais avoir besoin rapidement d'un jean de grossesse. Je ne respire déjà plus dans celui que je porte. Enfin, debout, passe encore, mais si je dois m'asseoir, c'est l'asphyxie garantie...

Réservé mais réactif, notre Hervé ! Deux jours plus tard, un jean de maternité m'attend sur le canapé de ma loge. Et c'est Alice qui, en camarade exemplaire, est allée l'essayer en boutique à ma place, pour ne pas éveiller les soupçons. Adorable, non ? Je n'y avais même pas pensé ! Mais elle a raison, c'est comme ça que débutent les rumeurs et, après, il est impossible de les arrêter. Comme un feu de paille, les informations se propagent, se déforment même. Dans notre métier, c'est monnaie courante. Comme partout, d'ailleurs, et c'est humain. On aime être au courant, on a besoin d'épier, de raconter, de déformer. D'aggraver ou d'enjoliver parfois. Bref, d'être celui qui sait et qui révèle aux autres.

Chaque samedi, toute la troupe se retrouve avec bien plus de bienveillance chez Dondelli, le fameux italien en face du théâtre, où le maître des lieux, Dario, nous accueille à bras ouverts pendant les deux heures de pause que nous avons entre la représentation de l'après-midi et celle du soir. C'est le moment idéal pour débriefer, plaisanter, se relaxer. Se raconter les petits couacs que l'on vit sur scène, les trous de mémoire, les imprévus, les bafouillages. Un costume qui lâche, une musique qui ne démarre pas, qui n'est pas la bonne ou qui part au mauvais moment... Un Francis enrhumé qui disparaît soudain en coulisses pour réapparaître comme une fleur quelques (dizaines de) secondes plus tard...

Parfois, c'est vous qui nous déstabilisez. Lorsque certains arrivent en retard, se mettent à tousser, se mouchent bruyamment, prennent des photos – avec le son et le flash ! Le plus drôle, ce sont les commentaires, qu'on entend surtout le week-end ou lorsqu'il y a des groupes. Il y en a qui ne peuvent s'empêcher de parler à voix haute : « Oh, mais elle va pas faire ça ?! » Et son voisin de répondre : « Mais si, tu vas voir, regarde, REGARDE !!! » Sur scène, dans ces cas-là, il n'est pas évident de ne pas éclater de rire...

Mais, étrangement, tout cela ne m'a jamais dérangée. C'est comme un exercice de concentration. Ça peut perturber bien sûr, mais c'est ça, le théâtre, le spectacle vivant. Les imprévus font que, si l'on raconte chaque soir la même histoire, elle n'est jamais perçue de la même façon. Et il en est de même pour nous puisque l'on vient au théâtre chargé d'une émotion particulière et que notre état d'esprit influe sur notre jeu. Il est forcément différent selon ce que l'on vit, ce qui s'est passé dans notre journée, si l'on est heureux, malheureux, angoissé ou amoureux. Le jour où j'ai appris que j'étais enceinte, je n'ai pas du tout joué de la même manière que la veille, où je n'avais qu'un doute ! La palette est infinie, pour vous comme pour nous, et rend chaque représentation unique. Le style du public lui-même change selon les jours. Le week-end, il est déjà un peu acquis ; en début de semaine, il est plus dans la retenue, dans l'observation. Certains d'entre vous viennent voir le spectacle plus d'une dizaine de fois – je trouve ça vraiment incroyable ! – et, chaque fois, votre discours est différent ; c'est d'ailleurs assez drôle, parfois, de recueillir vos impressions. Les anecdotes sont variées, les souvenirs immenses...

Il y a aussi eu un avant et un après les attentats du 13 novembre. Nous avons joué ce soir-là et tous ceux qui ont suivi. Malgré la présence de vigiles, on avait tous peur, on était traumatisés, le public comme les acteurs. Il fallait, bien sûr, en faire abstraction mais, dès qu'une porte s'ouvrait, on ne pouvait s'empêcher de jeter un coup d'œil en se posant des questions... Mais on se disait aussi qu'être au théâtre nous faisait du bien, qu'au moins, pendant une heure et demie, on était dans une bulle qui nous permettait de penser à autre chose. Et qu'on allait de l'avant tous ensemble...

Cette année, et c'était une première pour moi, j'étais sur scène le jour de mon anniversaire. C'est tombé un samedi, du coup j'ai eu double ration : deux représentations dans la journée. À l'issue de celle de l'après-midi, une surprise m'attendait chez Dondelli : notre cher Dario, ravi de se prêter au jeu, en était le complice. Je savais qu'il se tramait quelque chose parce qu'un petit groupe d'admiratrices – celui de mes plus grandes et de mes plus fidèles fans – n'avait pu s'empêcher de me prévenir de leur venue et d'un cadeau qu'elles étaient en train de peaufiner joyeusement. Elles m'en avaient parlé avec des sourires désarmants : comme des enfants, elles se préparaient à l'événement depuis des semaines !

Tout a commencé sur scène. La pièce se termine comme d'habitude : je quitte le plateau, Francis reste seul, la lumière s'éteint. Elle se rallume quelques secondes plus tard, je rejoins Francis qui me prend dans ses bras puis, la main dans la main, nous nous tournons vers la salle. Applaudissements et, comme chaque fois, une vague d'émotion me submerge. Pour moi qui viens de la télé, qui ai beaucoup moins d'expérience au théâtre que le reste de la troupe, c'est vraiment un moment poignant. Comme tous les soirs, j'ai un petit regard là-haut et j'envoie un baiser à ma fille puis, émerveillée, pleine de reconnaissance, je balaie le public des yeux. Et soudain, ce 3 octobre, un bras se tend vers moi, on me lance une rose, une deuxième suit, et encore une autre... J'entends des cris de joie, des «Joyeux anniversaire !» lancés timidement par-ci par-là, je reconnais des visages illuminés par d'immenses sourires, les flashes des appareils photo se multiplient. Et puis jaillissent au-dessus des têtes des pancartes affichant des «Joyeux anniversaire», des «Merci!» et des cœurs. C'est mon groupe de fans et quelques autres, venus exprès à cette date, qui en ont eu l'idée. Francis se penche pour récupérer la pancarte la plus proche et, avec un sourire et un regard tendre, la place devant moi. Je suis émue, touchée, je remercie. Je ne sais quoi faire d'autre, alors je ne fais rien, à part serrer la main de mes camarades de scène. Je savoure la chance inouïe que j'ai de vivre cela.

Le samedi après-midi, le public est encore plus nombreux qu'en semaine à nous attendre dans le hall du théâtre. Chacun souhaite pouvoir repartir avec une photo, un baiser et le souvenir de quelques paroles échangées. Pour certains, c'est la première fois qu'ils assistent à une pièce, c'est un investissement, ils viennent parfois de loin pour nous voir «en vrai», et j'y suis très sensible : c'est grâce à eux qu'on existe; je ne me verrais donc pas du tout passer par la porte de service... J'ai en plus la joie d'avoir un public multigénérationnel, de la grand-mère au petit bout de chou qui me tend un dessin avec des yeux comme des soucoupes, en remarquant : «La dernière fois que je l'ai vue, elle était à l'intérieur de la télé...» Et c'est touchant chaque fois. Quelques-uns en profitent pour faire dédicacer un exemplaire d'*À cœur ouvert*; beaucoup de ceux qui l'ont lu me disent avoir vécu de près ou de loin une histoire similaire à la nôtre... Cela donne des moments très forts, gravés à jamais dans mon cœur. Durant ces quelques minutes que je tente de consacrer à chacun, nous discutons entre parents, nous partageons notre expérience, nous nous donnons mutuellement du courage. Les larmes se mêlent aux sourires et, lorsqu'il est temps de se dire au revoir, c'est généralement de l'apaisement que je peux lire sur les visages. Pour moi, il n'y a rien de plus gratifiant !

En ce fameux samedi 3 octobre, je suis littéralement couverte de fleurs, de cadeaux, de lettres et de photos. Après avoir déposé le tout dans ma loge, je redescends au plus vite pour rejoindre comme prévu mes petites « groupies » chez Dondelli... J'imagine leur impatience, leur excitation, mais je suis loin de deviner ce qui m'attend dans cette salle qu'elles ont spécialement réservée pour l'occasion !

En chemin, je croise Stéphanie et Romain et les embarque avec moi : ma timidité maladive m'empêche bien souvent d'assumer seule certaines situations. Stéphanie est l'assistante mise en scène, sur qui l'on peut compter à tout moment ; Romain, un jeune et talentueux acteur, que je retrouve pour mon plus grand plaisir dans cette aventure, après avoir partagé avec lui celle d'*Hibernatus*.

À peine entrés dans le restaurant, du haut de l'escalier qui mène à la fameuse salle, nous pouvons déjà entendre les rires des filles, heureuses de se retrouver entre elles. Venir me voir au théâtre, et en particulier pour cet anniversaire, est aussi l'occasion pour elles de profiter d'une journée vécue ensemble, la plupart vivant aux quatre coins de la France. Leur centre d'intérêt, leur passion commune les ont rapprochées, elles ont appris à se connaître et à partager tout un tas de choses, par le biais d'un forum créé par Fanny, la «chef» de groupe, que je connais depuis des années, en dépit de son jeune âge. Je l'ai rencontrée pour la première fois sur le tournage des *Toqués* : j'ai en effet l'habitude d'inviter ceux qui le souhaitent à passer un moment ou une journée avec nous, sur le plateau, quand c'est possible. Ça leur permet de découvrir comment se déroule vraiment un tournage : les répétitions, le décor, les loges, le maquillage, je les fais aussi passer derrière le «combo» pour qu'ils voient comment le réalisateur nous perçoit...

Chez Dondelli, Stéphanie et Romain, un peu sidérés par une telle euphorie, me laissent le privilège d'entrer la première dans la salle. Après leur avoir fait un clin d'œil, c'est tout sourires que je m'avance et me retrouve face à une douzaine de paires d'yeux, aussi émus les uns que les autres. Je fonds aussitôt. Applaudissements, éclats de voix, pluie de «Joyeux anniversaire!». Les filles rougissent, elles ont chaud; moi aussi. Le plaisir se mélange à la gêne. Fanny me demande si elles peuvent commencer. J'acquiesce sans vraiment comprendre. Et je lance un nouveau regard à mes acolytes, qui n'ont pas encore osé se mettre à mes côtés.

Fanny fait quelques pas en avant et annonce :

— Voilà, pour vous remercier de tout ce que vous faites pour nous, on vous a écrit une chanson, avec les filles du forum. On voudrait vous la chanter...

Quelle jolie surprise ! La musique démarre, c'est celle de « Happy Ending ». Non sans un certain embarras, elles s'élancent tour à tour. L'exercice est un peu éprouvant pour elles. Certaines parviennent à laisser échapper des sourires, des regards fiers et complices ; d'autres, plus réservées, ont les yeux humides. Stéphanie me fixe, l'air de dire : « C'est vraiment touchant ! » Elle me connaît par cœur et sait que je ne vais pas pouvoir résister très longtemps... Les mains posées sur la bouche, je les contemple sans bouger, la gorge serrée. Mes yeux se posent sur chacune d'entre elles. Je ne parviens plus à me contrôler, j'essuie discrètement une première larme, puis une deuxième. Leurs paroles me vont droit au cœur :

Tout a commencé, devant notre télé, Dolmen, Femmes de Loi, ou même Les Toqués.
C'était une comédienne, merveilleuse et tellement belle
Que nous savions tous que ce serait elle. [...]

C'est pour ça qu'aujourd'hui, on vous dit merci.
Pour tout c'que vous avez apporté dans nos vies.

Pour un jour y être entrée, sans le savoir.
Et nous avoir autant donné et nous émouvoir.

Dans cette belle histoire, des liens se sont créés,
Amour, partage, tout en simplicité.
Des étoiles plein les yeux nous sommes accueillies. [...]
C'est pour ça qu'aujourd'hui, on vous dit merci. [...]

À la fin de leur chanson, dans cette salle si joliment décorée par Dario, autour de la table dressée avec leurs meilleurs antipasti (je le reconnais bien là et ne manque pas de le remercier quand il nous rejoint pour s'assurer que tout se passe pour le mieux), nous décidons d'immortaliser l'instant. Je prends la pose avec chacune, échange quelques mots, essuie des larmes, distribue des baisers. Elles m'inondent de cadeaux, de roses, de courriers. Merci, les filles ! Je garde précieusement tous ces souvenirs de vous, et tant d'autres encore...

Après la représentation du soir, la fête se poursuit, organisée par mon mari avec la complicité de toute la troupe et de la direction du théâtre. Un gâteau, des fumigènes, des fleurs, une *standing ovation* du public, des « Joyeux anniversaire » de chacun, et même la venue de Thierry sur le plateau, tout sourires, content de sa surprise. Il pouvait l'être ! J'en garde un souvenir impérissable et je suis heureuse que mes parents, venus à Paris pour l'occasion, aient vécu ce moment unique...

Quand nos proches viennent nous voir, la pression est encore plus forte : on a tellement peur de les décevoir ! Ce que j'aime, c'est me glisser sur le plateau, avant le début du spectacle, et aller jeter un œil par le petit trou qu'il y a dans le rideau, pour savoir où ils sont placés. Alors, à un certain moment de la pièce, je peux les regarder droit dans les yeux et jouer spécifiquement pour eux. Ce soir-là, Thierry m'a dit, en éclatant de rire : « Ne me fais plus jamais ça ! J'ai cru que j'allais crever... » C'est idiot, je sais, mais c'est un challenge qui m'amuse et ajoute encore un peu de piment aux représentations...

Pour ce 3 octobre, j'ai donc eu droit à un anniversaire qui restera gravé dans ma mémoire. Pourtant, je n'accorde généralement que très peu d'importance à ces dates, je pourrais d'ailleurs très souvent oublier de les souhaiter à mes proches, ou pire aux membres de ma famille. Si bien que nous avons établi, ma grand-mère et moi, un formidable petit rituel : dès qu'un anniversaire approche, elle m'envoie un message. Ainsi, grâce à elle, je n'oublie personne.

Elle se réjouit d'ailleurs de me savoir en train d'écrire ; c'est du reste un exercice qu'elle a toujours pratiqué. Lorsque nous passions du temps ensemble pendant les vacances, elle me lisait parfois des extraits de ce qu'elle avait écrit. Ma grand-mère a une très jolie plume et, même dans ses SMS, je retrouve son âme de poète. Son plus beau cadeau a été de m'offrir, il y a quelques années, un épais cahier rempli de ses souvenirs, de ses émotions, des histoires de sa jeunesse. Elle y raconte son parcours, avec ses embûches, ses bonheurs, ses regrets parfois. Mon arrivée dans sa vie, des anecdotes qui nous concernent toutes les deux, nos confidences, les parfums de mon enfance... Une multitude de trésors que je pourrai à mon tour transmettre à mes enfants.

Il y a quelques jours, elle m'a demandé : « Dis, Nini, tu pourras dire dans ton livre que j'adore écrire ? Comme ça, ma vie ne sera pas oubliée... Dire que je jouais du violon et que la guerre a tout effacé... Que j'ai été bercée par la voix de ma mère qui chantait "Les Ballons rouges". Elle avait un peu la voix d'Édith Piaf, tu t'en souviens ? » Bien sûr, que je m'en souviens ! D'ailleurs, elle lui ressemblait beaucoup. Ce petit bout de femme haute comme trois pommes était une artiste, une personnalité à part, bourrée de talent. Elle chantait, sculptait, créait des vêtements et des accessoires pour poupées, confectionnait des bouquets de fleurs avec des plumes qu'elle ramassait par-ci par-là et teignait pour les rendre multicolores. Ça devenait de formidables ramasse-poussière ! « Mais quelle mamie tu as ! Une rêveuse... Je suis bête, ce n'est pas le sujet de ton livre ! » Mais non, ce livre n'est que ça :

souvenirs, émotions et amour. Je vous confie ici un peu de ma vie, de qui je suis. Avec simplicité et spontanéité. Comme une conversation que nous pourrions avoir. C'est un partage entre vous et moi ; du reste, j'aurais pu l'intituler ainsi. Ce sera peut-être pour le prochain ?

Ce soir, c'est la dernière d'*Avanti !*. Quatre mois de plaisir sur scène, quatre mois à porter ma merveille dans le secret de mon ventre. J'ai tenté le plus longtemps possible de garder l'énergie du début, mais tous craignaient pour le bébé, et moi la première. Alors, petit à petit, j'ai « baissé de régime », nous avons fait évoluer certaines scènes un peu physiques, trop risquées pour mon état, comme cette danse endiablée à laquelle je me livrais avec Thierry Lopez. Et j'ai arrêté de voler au-dessus d'un canapé avant de m'y effondrer brutalement ! Tous ces petits moments d'espièglerie se sont effacés au fur et à mesure que ma grossesse avançait.

Je voulais rester discrète vis-à-vis de Francis, pour ne pas le déstabiliser. Mais Francis est aussi observateur qu'intelligent. Mon état ne pouvait donc pas lui échapper. Pas à lui... Je ne sais à quel instant précis il s'est aperçu que j'étais enceinte ; en revanche, je n'oublierai jamais quand il me l'a fait comprendre et, bien évidemment, ça s'est passé sur scène ! À un moment, non loin du dénouement, où nous sommes face à face, en silence, les yeux rivés l'un à l'autre. Lors d'une réplique d'Alice, j'ai soudain vu le regard de Francis se détacher du mien pour aller se poser sur mon ventre avant de revenir se plonger dans mes yeux, agrémenté d'un demi-sourire, l'air de dire : «Je sais...» J'ai acquiescé d'un mouvement de paupières. Sans un mot, nous nous étions compris.

Pour Francis, avec Francis, tout se passe sur scène. Comme moi, il est un peu ici, un peu ailleurs, à la seule différence que, dans «son» ailleurs, il rejoint Shakespeare, Molière, Racine, Guitry, Musset ou encore, sûrement, Gérard Philipe... Il n'est pas rare que, au beau milieu d'une conversation ou d'une répétition, il nous emmène soudain dans son monde, loin, très loin, en se lançant dans l'évocation d'une scène de film, de tel auteur ou de tel comédien – généralement disparu –, avant de revenir tout aussi soudainement à ce dont nous parlions. C'est assez surprenant au début mais, en y réfléchissant, c'est cohérent avec ce qu'il est.

L'univers d'Huster est peuplé de choses totalement saugrenues ! Un jour, en pleine promotion de la pièce, nous nous étions retrouvés chez Twitter pour répondre en direct et en vidéo aux questions des internautes. Comme vous le savez déjà, je ne suis pas à l'aise avec ce genre d'exercices, je me sens paralysée et en perds tout esprit de repartie. Je suis même souvent obligée de refuser des interventions par simple angoisse de ne pas réussir à maîtriser mon trac ! C'est aussi frustrant pour vous que pour moi, et je m'en excuse... Mais, étrangement, je n'ai jamais ressenti ce type de malaise sur scène, que ce soit face au public ou face à mes partenaires. Ne pas être gêné, rester naturel dans les bras de quelqu'un avec qui on travaille pour la première fois n'est pourtant pas évident. Mais, pour le coup, j'ai une chance extraordinaire : je fais partie de ces comédiens qui seraient capables d'embrasser une lampe ! Le premier baiser étant quand même un peu compliqué, j'ai un jour lancé à Francis au début des répétitions : « J'arrive, je vous embrasse, comme ça, c'est fait, on n'en parle plus... » Et voilà, dès qu'il y a un contact même infime de peau à peau, un pas énorme est franchi, et il n'y a plus de problème. Je suis tellement dans mon personnage que je deviens presque un objet.

Bref... Nous étions donc, Francis et moi, installés l'un à côté de l'autre sur un canapé en cuir dans la VIP Room de Twitter. Francis, très décontracté, me réconfortait, et je savais qu'il me sauverait si je n'arrivais pas à trouver mes mots. Nous échangions entre chaque question quelques phrases et des regards complices quand, par hasard, mes yeux se sont posés sur ses chaussures immenses (pour être à l'aise, Francis les choisit toujours une, voire deux tailles au-dessus de sa pointure : celle-ci étant déjà conséquente, je vous laisse imaginer ce que ça donne visuellement...), puis sur le revers de son pantalon qui m'a paru étrange :

— Mais Francis, tu ne porterais pas deux pantalons ?!

— Si, je me suis trompé...

— Tu t'es trompé ?!

Je m'étouffe d'abord de rire, avant de le regarder d'un air circonspect, voire un brin inquiet... Mais comment est-ce possible ?! Comment peut-on ne pas se rendre compte qu'on est en train d'enfiler deux pantalons l'un sur l'autre ?!... Francis, lui, y parvient ; il m'a même fait le coup plus d'une fois ! Il est tout aussi capable de s'habiller comme en plein hiver alors qu'on frôle la canicule ! L'été dernier, nous étions en pleine répétition aux Bouffes-Parisiens et Dieu sait si l'air peut parfois être étouffant dans les théâtres qui ne sont pas climatisés – on avait tout simplement la sensation d'entrer dans un four. Francis, lui, apparaissait tout sourires, son petit cahier à la main dans lequel il avait pris soin de recopier l'intégralité de son texte, gros godillots aux pieds, chemise fermée jusqu'au cou sur un tee-shirt, avec par-dessus un blouson de cuir bien épais ! Avant de nous rejoindre, il avait probablement arpenté pendant des heures les rues parisiennes, en récitant son texte, sans se préoccuper le moins du monde de savoir s'il faisait froid ou terriblement chaud...

Ce grand homme de théâtre, perché mais brillant, à la culture, l'expérience et la sensibilité immenses, a vraiment un côté attendrissant. Je n'aurais sans doute pas assez d'une vie entière pour découvrir toutes les œuvres auxquelles il a participé, mais il me fait un peu penser à un enfant. Un enfant certes doté d'une intelligence démesurée, mais bel et bien un enfant. Et je profite de ces quelques pages qui lui sont consacrées pour lui faire part de toute mon affection.

Ces dernières semaines, certains fidèles spectateurs ont à leur tour découvert mon secret en constatant des différences dans mon jeu, outre ma transformation physique. Quelques-uns m'en ont d'ailleurs fait part lorsque j'allai les saluer à l'issue de la représentation. J'avais beau, au fil des semaines, avoir fini par porter une longue écharpe ou un gros manteau, j'ai quand même eu droit à des regards soupçonneux. La plupart n'ont rien osé me demander, mais plusieurs n'ont pas hésité à me dire :

— Holà, mais il n'y aurait pas un petit ventre qui pousse ?

Et moi de répliquer aussitôt discrètement par un long :

— Chuuuut !

— Promis, je ne dirai rien.

Cette fois-là, il s'agissait d'une certaine Angélique qui a tenu sa parole, comme tous les autres, et je les en remercie sincèrement. Je n'aurais pas aimé que ma grossesse s'ébruite à ce stade. J'espérais attendre le plus longtemps possible, par superstition, et puis, égoïstement, pour vivre ces premiers mois intimement, avec mon mari, notre famille et nos proches. Et nous y sommes parvenus.

Malgré tout, il était temps que j'arrête. Deux semaines de plus, et je n'aurai pu cacher mes nouvelles formes qui ont décidé de s'afficher au grand jour. Un soir, en arrivant au théâtre, je suis allée voir Alice : « Non, mais regarde ! Comment je vais faire ? » Mon ventre ressemblait à un ballon ! J'entre en scène, et pfft ! mon ventre diminue de moitié, le bébé était parti se cacher ! Je sors de scène une heure et demie plus tard, et pfft ! mon ventre regonfle. Si bien qu'on en a fait un rituel : avant le début de la pièce, j'expliquais au bébé : « C'est l'heure où maman va jouer, donc tu te caches... » ; je montais sur scène, ma grossesse ne se voyait pas (il valait mieux : ça n'aurait pas du tout collé avec mon personnage !) ; je sortais de scène, on ne voyait plus que ça ! Et, au moment des saluts, je ne manquais pas de lui glisser : « Tu te rends compte, mon petit amour, tout le monde t'applaudit ! » Néanmoins, j'ai quand même changé deux fois de taille de robe et, depuis quinze jours, je ne peux plus me mettre de profil sur scène ; je suis donc obligée de jouer de face, comme ces acteurs qui veulent tirer la couverture à eux ! Certains ont d'ailleurs dû s'en faire la réflexion, ce qui m'amuse beaucoup...

En tout cas, le timing est parfait !

Un drôle de jeu

À peine cette belle aventure terminée, nous prenons la route, Thierry et moi. Direction : les Alpes. Lui, l'enfant du village de Serre-Chevalier (où, petite, j'ai moi-même appris à skier !), ne peut passer un hiver sans y retourner. Chaque année, nous nous arrangeons donc pour y aller quelques jours, qui se transforment souvent en semaines tant on s'y sent bien. C'est aussi l'occasion de consacrer du temps à Belle-Maman. Les occasions étant rares d'être en famille, on fait dès qu'on le peut le tour de nos proches, bien qu'ils soient nichés aux quatre coins du pays, et jusqu'en Suisse.

Chaque fois que nous partons pour la montagne, je me sens comme une gamine, et plus encore aujourd'hui. Mais, cette fois, ma grossesse complique un peu le trajet : des envies pressantes nous forcent à nous arrêter au maximum toutes les quatre-vingt-dix minutes, et je pourrais remplir un petit gobelet toutes les demi-heures ! De petit oiseau, je me suis aussi changée en ogre, j'ai envie de tout, tout le temps, et en particulier de ce que je n'aimais pas avant, de boudin blanc, par exemple : j'en mangerais à chaque repas ! Ça réjouit mon mari qui, lui, a décidé de ne pas refaire la même erreur que lors de ma précédente grossesse. Il m'avait suivie dans ma « boulimie » de future maman, qui se nourrissait comme un bébé, toutes les deux heures. Au bout du compte, je n'avais pas tellement pris mais lui, si, et il avait assez peu apprécié, bien que tout soit pourtant rentré dans l'ordre très vite. Alors, messieurs, pas d'inquiétude, laissez-vous tenter ! Mais Thierry, cette fois, est devenu si regardant sur le contenu de son assiette qu'il ne cesse de me demander si tel ou tel plat fait grossir...

Bercée par le paysage qui défile sous mes yeux, je me laisse aller à une douce rêverie. Dans quelques mois, nous allons être de nouveau parents, et je pense que, jusqu'au bout, je ne parviendrai pas à y croire. Peut-être même que cette impression va perdurer et qu'il me faudra quelques mois pour apprivoiser mon bonheur, de peur qu'il ne s'envole... J'ai tendance à me dire que nous n'avons pas le droit de vivre cela, pas le droit d'être comme tout le monde. Il faut que je me retire cette idée de la tête... Ça me rappelle ce qu'avait un jour confié Céline Dion : après l'échec de plusieurs FIV, elle avait fini par s'imaginer que, étant donné la chance qu'elle avait professionnellement parlant, elle ne pourrait pas tout avoir, qu'elle n'en aurait pas le droit. Qu'il était impossible de réaliser tous ses rêves... Si je suis tout à fait honnête, je dois avouer que cela m'a déjà effleuré l'esprit. Qui, sur Terre, réussit à tout avoir? Aujourd'hui, pourtant, il semblerait que je ne sois plus très loin de ce que je considère comme la vie idéale. C'est délicieux à constater et très émouvant...

Nous approchons de notre destination, escortés des premiers flocons. Je les regarde virevolter comme des petites plumes et tournoyer au gré du vent. Mon mari est très concentré, il connaît tous les pièges des routes enneigées, et notre 4 × 4 n'est pas équipé. La nuit ne va plus tarder à tomber, nous devons avancer vite pour ne pas rester piégés. La priorité est de franchir le col; ensuite, ce sera moins dangereux car les précipices seront derrière nous... L'enfant de la montagne qui débarque en vrai Parisien dans son 4 × 4 flambant neuf, et qui ne tient pas la route sur la neige! Je le chambre royalement, et ça l'énerve. Mais il sait que j'ai raison, d'autant qu'il s'est déjà fait piéger l'année dernière! À croire que l'expérience ne sert à rien puisqu'on reproduit les mêmes erreurs...

D'ici la fin du voyage, il n'y aura plus ni station essence ni aire de repos, plus aucune pause, je vais devoir prendre sur moi... Enfin, jusqu'au moment où je ne tiens plus et supplie Thierry de s'arrêter au bord de la route. Je descends à toute vitesse. Mon mari, gêné, ne quitte pas des yeux les rétros pour s'assurer qu'aucune voiture ne s'approche :

— Chérie, si les gens savaient que tu fais pipi dehors, entre deux portières...

— Eh bien, ils diraient : « Oh, t'as vu ? C'est Ingrid Chauvin ! Mort de rire ! Tu vois, j'te l'avais dit, ces gens-là ils sont comme nous... »

La neige a maintenant recouvert tout le paysage ; nous progressons au milieu des montagnes immaculées. Les yeux écarquillés, je n'en perds pas une miette et immortalise l'instant avec mon téléphone. La route devient de plus en plus glissante. La prudence est de mise car, avec le poids important de notre véhicule, nous pouvons vite déraper, mais Thierry connaît chaque virage et les anticipe parfaitement. Nous arrivons avec la nuit, sans encombre. Belle-Maman nous guettait, impatiente de voir mon « petit bidon », comme elle aime le dire. L'excitation que suscite chez nos mères cette nouvelle grossesse est aussi grande qu'a été terrible la perte de Jade.

Le lendemain, nous nous réveillons au beau milieu d'une tempête, mais je n'ai qu'une envie : sortir me promener, entendre mes pas craquer dans cette neige toute fraîche. Emmitouflés de la tête aux pieds, nous partons, tels deux gosses en furie, arpenter les sentiers enneigés. Marie, tout sourires, nous observe de la fenêtre de sa cuisine. Je lui adresse un petit signe et un baiser, avant de m'enfoncer dans ce paysage sublime. Je la sens heureuse de voir son fils ainsi, après deux années si cruelles. Thierry dissimule ses émotions et ne craquera jamais devant elle pour ne pas la perturber, mais on ne peut pas cacher grand-chose à une maman.

Les jours s'écoulent, dans la douceur et la beauté. Le soleil baigne désormais la vallée, et mon mari en profite pour dévaler les pistes. Il n'est qu'énergie, enthousiasme et folie. Pour moi qui suis plus discrète, plus effacée, plus timide, c'est un vrai moteur. Le formidable pilier dont j'ai longtemps rêvé. Rien ne semble pouvoir altérer son optimisme, c'est un peu sa marque de fabrique mais j'avoue que, depuis quelque temps, il est encore monté d'un cran !

Je profite de ce cadre apaisant pour écrire, ce qui m'occupe une grande partie de la journée. Autant à Paris l'exercice était laborieux, autant ici les mots jaillissent de façon spontanée. J'y prends tellement de plaisir que je regrette de ne pas avoir osé plus tôt, mais j'étais persuadée de ne pas en être capable. J'écris encore et encore et en viens à culpabiliser, car Marie, constatant que je suis dans une bulle, n'ose pas m'adresser la parole. Il faut dire qu'avant de sortir son adorable fiston ne manque pas de lui dire : « Et laisse Ingrid tranquille, elle travaille, OK ? » Moi, je ne vois pas les heures passer... Ma grand-mère me l'avait dit : « Tu vas voir, la montagne est source d'inspiration. » Elle avait raison ! Tous les soirs, Marie me demande combien de mots j'ai écrits et ajoute, enchantée : «Je pourrai dire que tu as commencé ton deuxième livre ici ! J'ai hâte de te lire... J'aime la façon dont tu écris : on a l'impression que tu nous parles ! » Ses compliments me stimulent ; à sa requête, je lui ai envoyé la première partie du texte, qu'elle a beaucoup aimée. J'aurai au moins la satisfaction d'avoir fait plaisir à Belle-Maman, même s'il lui est parfaitement impossible d'être objective !

À l'heure du déjeuner, je fais une pause et pars rejoindre mon chéri au pied des pistes. Une petite marche jusqu'au village, la plupart du temps sans croiser personne, puisque les vacances scolaires sont terminées, et c'est merveilleux d'être ainsi, presque les seuls à jouir de tout le domaine. J'y suis souvent la première, m'installe en terrasse et m'amuse à regarder mon mari me rejoindre assez rapidement. Bien qu'il ne soit pas le seul à porter la fameuse combinaison rouge de l'ESF, son allure est si reconnaissable que je ne me trompe jamais. Il déchausse ses skis tout sourires, les joues rougies par le froid et le soleil : « C'était géant ! La neige est dingue !... J'y vais doucement, t'inquiète, j'veux surtout pas qu'il m'arrive quelque chose maintenant... Ça va, mes amours ?... J'suis trop content ! » Une seule et longue phrase, d'une seule traite. Il s'assoit, se relève, examine l'emplacement de la table pour s'assurer qu'elle soit bien la meilleure pour profiter du soleil. Voilà ce qui me plaît chez lui : son engouement pour tout, tout le temps ! Et ce qui peut m'agacer aussi : quelquefois il entame une phrase, s'arrête en plein milieu parce qu'il pense déjà à autre chose ou, pire, qu'il a déjà quitté la pièce ! Pour y revenir aussitôt :

— T'es prête ? On y va ?

— Euh, oui, si tu veux, mon amour... mais où ?!

— Eh ben, rue des Lombards, faire un repérage, tu sais, pour les luminaires...

— Ah oui, là, on est quand même très, très loin de ce qui était prévu initialement... Mais c'est pas grave, mon amour, c'est bien aussi...

Mon mari, c'est « l'homme antiroutine » ! Fatigant mais si craquant...

Ce jour-là, au détour de notre conversation au pied des pistes, nous nous plaisons à nous imaginer l'année prochaine, en train de faire découvrir la neige, la montagne à notre enfant, et je ne peux m'empêcher de poser mes mains sur mon ventre, en me disant tout bas : « J'espère, j'espère tellement !... » Le soleil décline doucement et va bientôt disparaître derrière la montagne. L'heure pour Thierry de rechausser ses skis pour redescendre tranquillement jusqu'au village, et pour moi de faire le même chemin, mais par les œufs. Nous nous rejoignons en bas et grimpons ensemble jusqu'au chalet. Feu de cheminée, cappuccino pour Marie et Thierry, chocolat chaud pour moi, il ne manque plus qu'un petit bout de chou qui court partout dans la maison... Et ça, c'est pour bientôt.

12 janvier. Pour la première fois, je sens mon bébé bouger ! Maman m'avait dit : « Tu verras, c'est comme un petit poisson. » Elle avait raison : un petit poisson qui frétille. Une sensation douce, assez furtive. C'est à mes yeux le phénomène le plus merveilleux de la grossesse. On se souvient toutes du moment et du lieu où l'on était, lorsque l'on a senti pour la première fois notre enfant bouger dans notre ventre... Je reçois presque chaque jour des messages de maman : des petits cœurs, des baisers, des pensées. Il y a beaucoup de pudeur entre nous, parfois des maladresses, que nous apprenons à combattre avec les années. Mais, derrière cette relation mère-fille un peu complexe qui, bien des fois, nous a fait du mal, il y a énormément d'amour. Le temps qui passe, puis la maturité nous permettent de mieux nous comprendre et il est agréable, aujourd'hui, de se vouloir la protectrice l'une de l'autre.

Depuis le début du séjour, quelques contractions m'accompagnent au long de la journée. Au début, je n'ai voulu en faire part à quiconque, pensant que le voyage en voiture en était le responsable et que ça irait mieux après une bonne nuit de sommeil mais... elles persistent et mon attitude a fini par me trahir. Je ne peux m'empêcher parfois de faire une grimace ou de porter les mains à mon ventre afin de tenter de soulager la tension de la contraction.

Quand Thierry s'en aperçoit, il n'attend pas une minute de plus pour chercher un médecin, dans la vallée, qui pourra effectuer une échographie dès le lendemain. Je ne crois pas qu'il y ait quelque chose de grave mais il est, en effet, plus sérieux de consulter, et ce sera l'occasion de voir une nouvelle fois notre progéniture. Je repense à notre toute première échographie : Thierry et moi en extase et remplis d'admiration face à ce tout petit bout de nous, qui faisait 7 millimètres !

L'examen ne révèle aucun souci particulier. Les contractions doivent donc bien être liées au voyage. Après quelques jours de repos, nous prenons néanmoins la sage décision de rentrer à Paris, sans passer par notre maison du sud de la France comme nous l'avions prévu.

Il y a quelques mois, j'avais donné mon accord pour être la présidente du jury de l'élection Top Model Belgium, qui doit se dérouler le 25 janvier au Lido. Je n'accepte que peu de manifestations mais, cette fois, je m'étais dit que le show allait sans doute être spectaculaire, entre le défilé des prétendants au titre et le spectacle des danseuses du Lido. Et mon mari serait à mes côtés, ce qui est plus facile et agréable pour moi. Mais pas une seconde je n'avais imaginé qu'à cette date je pourrais être enceinte !

Je vais devoir donner quelques interviews, alors que la rumeur de ma grossesse commence à se répandre et que des journalistes m'envoient même des messages me demandant si la nouvelle est exacte ! Il y aura aussi un *photocall* sur lequel je suis attendue, avec une foule de photographes, et il va même me falloir monter sur scène... en restant bien de face (je n'ai pas oublié cette recommandation) ! J'approche en effet du cinquième mois, et mon ventre paraît presque impossible à dissimuler.

Débute alors la recherche d'une tenue qui m'aidera à garder encore un peu pour nous la grande nouvelle dont tout le monde se doute... La marque Envie de fraise finit par me proposer leur toute nouvelle combinaison noire de grossesse nommée « Pénélope » ; une étole colorée judicieusement placée fera le reste, enfin je l'espère.

Toute la journée, je joue donc avec mon étole, ma pochette et use de mes plus beaux sourires pour détourner l'attention de mon ventre. Nous avons négocié qu'il n'y ait que deux interviews et qu'elles se déroulent dans la salle même du Lido, autrement dit dans la pénombre... Je reste sagement assise derrière une table, et la feinte est parfaite. Thierry, de loin, observe mon petit manège. Nous échangeons discrètement un clin d'œil et j'arrive à lire sur ses lèvres un : « Tu es trop forte, mon amour ! » Je lui renvoie un sourire plein de satisfaction.

J'ai aussi l'impression que notre petit trésor joue le jeu, en se faisant discret, comme s'il avait compris qu'une fois encore il ne fallait pas se faire piéger!

J'ai cru avoir réussi à dissimuler ma grossesse devant le parterre de photographes du Lido. Eh bien... je me suis trompée! Avoir si bien caché mon ventre en est devenu suspect! Et, quarante-huit heures plus tard, dès le matin, les paparazzi sont en bas de la maison! Un message d'une âme bienveillante vient de me l'annoncer.

Autant j'ai trouvé choquant de voir des paparazzi au cimetière du Père-Lachaise, en ce jour si éprouvant du 29 mars 2014, autant ça me fait sourire de les savoir à l'affût aujourd'hui, essayant tant bien que mal de photographier un ventre qui, en cette saison et avec cette météo, est forcément sous une épaisse couche de vêtements! C'est la mode des capes et je me suis régalée à en acheter plusieurs qui vont me servir de parfait camouflage! Avec les années, j'ai appris à accepter et, parfois même, à m'amuser de leurs stratagèmes. Je ne vais pas changer mes habitudes, juste peut-être tenter de repérer leur planque pour ne pas oublier d'avoir une expression avenante quand je passerai près d'eux! On croit prévoir le coup, maîtriser un peu les choses, mais c'est impossible car c'est souvent la petite disgrâce qu'ils attendent. Cette fois, ce sera différent. J'ai vraiment l'impression qu'ils cherchent à annoncer mon nouveau bonheur, la teneur des messages que je reçois des journalistes me le prouve chaque jour. J'aimerais crier à tous, haut et fort, ma joie, mon émotion, mais ça me fait trop peur ! Alors, je leur explique mon angoisse, m'excuse de devoir décliner toutes les demandes et promets d'y répondre une fois que le bébé sera là et que tout ira bien... Chacun dit comprendre mais je sais, je sens qu'au fond ils l'ont mauvaise, qu'ils prendraient la moindre déclaration comme du pain bénit : un tel sujet ferait le buzz ! Leur métier est de vendre, je ne l'oublie pas. Mais cela n'empêche pas un certain respect mutuel et j'aime qu'il en soit ainsi. Suis-je terriblement naïve de le croire ? J'en ai envie en tout cas et, jusqu'à maintenant, la relation que j'entretiens avec les journalistes s'est révélée plutôt agréable.

Comme prévu, les paparazzi m'attendent en bas de la maison. Je ne voulais pas y prêter attention, mais ils sont si peu discrets ! Sur le chemin du laboratoire d'analyses – qui deviendra ma principale destination pendant les prochains mois –, j'aperçois un homme sur le trottoir d'en face, gros appareil photo en main, qui me canarde comme un dingue, sans aucune discrétion. Que faire ? Rien d'autre qu'afficher une mine des plus réjouies. Marcher le plus élégamment possible, malgré mes nouvelles rondeurs et mes nausées... Mais pourquoi ai-je mis ces bottes à talons ? Avec mon centre de gravité qui a changé, mon équilibre qui laisse à désirer, je frôle la chute à chaque pas : il ne manquerait plus que je trébuche ou, pire, que je tombe ! Avec une telle image, je serais sûre de faire toutes les couvertures des magazines à scandale. Je dois me concentrer au maximum. Pression de dingue mais, dans le fond, ça m'amuse et je souris discrètement.

Cela me rappelle mon mariage... Un magazine nous avait proposé une grosse somme pour couvrir l'événement en exclusivité, mais en nous imposant des conditions drastiques : ne pas arriver ensemble à la mairie, ne pas en ressortir ensemble – il aurait fallu que je prenne la sortie de secours ! Ne pas nous embrasser en pleine rue et, même, ne pas nous promener ensemble, main dans la main, les jours précédents... Tout ça parce qu'ils tenaient à leur exclusivité. Je leur ai répondu : « Vous savez que, là, je ne suis pas en train de tourner un film... Je vais me marier ! » et on a, évidemment, décliné la proposition.

La cérémonie s'est déroulée dans le bassin d'Arcachon, dans une mairie au bord de l'eau qu'on a rejointe en pinasse, un petit bateau typique de la région, au milieu d'une foule venue se réjouir avec nous... On ne pouvait pas empêcher les paparazzi d'être là, alors nous les avons laissés travailler : ils étaient au loin et ne nous ont pas vraiment dérangés, et on savait qu'ensuite ils nous laisseraient tranquilles... Il faut accepter ce qu'implique notre notoriété, comme il faut comprendre que les gens qui nous aiment, qui nous suivent aient envie de participer à un moment d'intimité, par le biais d'un article et de quelques clichés de notre mariage. En revanche, je n'ai pas envie de faire des photos de famille. Je communiquerai sur la naissance de mon enfant, mais on ne le verra pas dans les magazines. J'ai envie de le protéger.

Aujourd'hui, c'est moi qui m'amuse à observer les paparazzi de la fenêtre de mon salon ! Ils se relaient jour et nuit, sur le trottoir d'en face. Clope à la bouche, téléphone quasi greffé à l'oreille, à faire les cent pas... quel courage ! J'ai même poussé le vice en les photographiant à mon tour. Le chassé devenant chasseur !

Pendant près de trois semaines, je me retrouve à faire la une des magazines avec, la plupart du temps, mes allées et venues au laboratoire d'analyses... À croire que je ne fais rien d'autre ! Il est vrai que j'ai levé le pied. Je veux profiter pleinement de ma grossesse, continuer à écrire et, du coup, passer du temps avec vous. J'ai le sentiment de me confier en direct et c'est assez agréable. Tous les jours, vous m'envoyez vous aussi des messages très touchants : beaucoup d'entre vous me donnez des conseils, comme si c'était la première fois ; certaines me racontent avoir elles aussi vécu le deuil, la reconstruction, la renaissance et le bébé d'après. On se retrouve exactement dans le même schéma qu'*À cœur ouvert* : des mamans qui me font part de leur expérience que je pourrai, après, communiquer à d'autres femmes. Sauf que, cette fois, nous parlons de quelque chose de beau, de doux et de rempli d'espoir, c'est magnifique.

Je me sens à l'aube d'un nouveau chapitre de ma vie. Désormais, il me faut prendre soin de moi et me préserver de tout ce qui pourrait nuire à mon petit. Je dois rester forte, confiante et accueillante. Accueillante, je le suis ; forte, j'ai appris à l'être ; confiante, je vais apprendre à le devenir... C'est mon nouveau challenge !

Les petits chaussons

Neuf mois d'attente, c'est long : non, c'est interminable ! Neuf mois de doutes, de peur, de questions et, heureusement, neuf mois aussi d'émerveillement. En une fraction de seconde, on peut passer d'une émotion à une autre. Et l'esprit ne cesse de bouillonner. Comment va le bébé ? M'entend-il ? Bouge-t-il assez ? Pourquoi bouge-t-il autant ? Seuls les examens apaisent nos angoisses, et nous les attendons autant que nous les appréhendons. La peur avant, le soulagement après, jusqu'au prochain rendez-vous que je note soigneusement dans mon agenda. Ce n'est qu'à la naissance que je pourrai être pleinement rassurée sur la santé de mon enfant. L'expérience me l'a prouvé : malgré la multitude d'examens et d'échographies effectués pendant ma grossesse, la pathologie cardiaque de Jade est passée totalement inaperçue.

L'ensemble des médecins qui me suivent cette fois-ci ont vécu de plus ou moins près notre drame. Chacun est donc très attentif, et une échographie cardiaque spécifique est programmée, lorsque le cœur du bébé sera suffisamment visible. Pour encore plus de précautions, nous avons aussi effectué un test ADN fœtal sur le sang maternel. L'échantillon a été envoyé aux États-Unis et son analyse permettra, entre autres, de détecter différents types de trisomies et autres pathologies lourdes. Il ne nous reste plus qu'à attendre quinze longs jours avant de connaître le résultat. C'est la généticienne de la maternité, un médecin d'une grande humanité, qui finit par m'appeler : elle vient de recevoir les résultats et est heureuse de pouvoir nous affirmer que le bilan est rassurant. Et de nous dévoiler avec certitude le sexe du bébé. Quelques semaines plus tôt, mon obstétricien m'avait déclaré à la fin d'une échographie :

— C'est encore trop tôt pour en être certain, mais je dirais que c'est une fille...

— Non, Charles ! C'est un garçon ! avais-je aussitôt répliqué.

Mon instinct me l'assurait depuis les premiers jours mais, après tout, je n'avais qu'une chance sur deux de me tromper... Un autre échographe, un peu plus tard, avait penché dans mon sens, sans pouvoir me le confirmer à 100 %. Nous restions donc dans le flou le plus total. Et aujourd'hui, la généticienne me glisse que les petits chaussons seront bleus ! J'avais donc raison ! Jade va avoir un petit frère. Ou plutôt Jade nous offre un petit frère ! Ça y est, l'image se précise : c'est un petit bonhomme qui grandit doucement dans mon ventre. Chaque jour, nous avançons vers quelque chose de plus concret.

J'ai envie d'en savoir davantage sur la façon dont un bébé se construit et s'éveille à notre monde : durant les neuf mois de la grossesse, jusqu'à la naissance. Une étape qui se termine, une autre qui débute. Beaucoup diront : « La vie qui commence », mais je ne suis pas d'accord ! Selon moi, elle commence bien avant. À quel moment précis, je l'ignore, et c'est un sujet que j'aimerais approfondir...

Il est loin, le temps où le fœtus était considéré comme un amas de cellules sans intérêt. Aujourd'hui, les chercheurs se penchent de plus en plus sur la vie anténatale et nous avons la chance de découvrir les incroyables compétences de nos champions de bébés : la vie sensorielle et motrice dont ils jouissent bien avant la naissance. C'est vers le cinquième mois que des récepteurs sensoriels apparaissent sur la peau du fœtus. Puis, à partir du troisième trimestre, le voilà capable de réagir aux stimulations extérieures, au toucher, aux variations de température ou à la luminosité. J'avais tendance à penser que l'interaction se faisait plus tôt, du moins aux alentours du sixième mois. J'ai déjà la sensation que nous communiquons lorsque la nuit, par mégarde, je m'appuie un peu trop sur le ventre : je reçois aussitôt des coups de pied ou de main ! Comme pour me dire : « Hé, ho, je suis là ! Tu m'écrases, maman ! » Mais peut-être est-ce le fruit du hasard... J'ai tout de même la sensation que nous faisons peu à peu connaissance, que nous apprenons l'un de l'autre. Un lien existe déjà, c'est indéniable. Au cours de mes différentes lectures, j'ai appris qu'il s'agissait du lien « psychosensoriel » que nous découvrons et explorons avec notre bébé. Il perçoit les mouvements, s'habitue à notre façon de bouger, de parler. Il ressent notre état d'esprit, les effets du stress et les chocs émotifs que nous lui transmettons. C'est pourquoi, depuis le début de ma grossesse, je m'efforce d'être la plus paisible et la plus détendue possible...

Bien plus facile à dire qu'à faire ! L'insouciance quitte définitivement les parents endeuillés. Et j'avoue me laisser parfois submerger par un sentiment de tristesse ou d'angoisse. Émotions légitimes : quelle maman « orpheline » ne les éprouverait pas ? Je continue à me battre pour accepter la mort et accueillir la vie. Je me sens ballottée de l'une à l'autre. Je tente de rester sereine et il me semble que je me débrouille assez bien, mais je garde à l'esprit que tout peut basculer en une fraction de seconde. Cette prise de conscience permet paradoxalement de profiter de la vie à sa juste valeur. Ce qui m'apparaissait comme banal est devenu magnifique, presque exceptionnel. Nous autres qui sommes désormais différents envisageons la vie autrement. Plus simplement, plus joyeusement. Pour nous, la conviction qu'au bout de neuf mois cet enfant va naître n'est pas acquise. Heure après heure, jour après jour, nous apprivoisons cette idée. Nous nous nourrissons de cet espoir. Cela nous paraît tellement fort, tellement viscéral de pouvoir donner la vie à nouveau, après avoir vécu la mort. Certains parents mettront du temps à accepter l'idée qu'un autre enfant puisse partager leur vie, d'autres encore ne voudront plus revivre de grossesse. Mais beaucoup d'entre nous n'ont qu'une envie : avoir au plus vite un enfant pour réapprendre à vivre !

Depuis deux ans, mon nom rimait avec douleur, perte et courage. Ça a été parfois lourd à porter parce que, dans chaque regard croisé, je pouvais lire notre drame. Aujourd'hui, nous pouvons découvrir en gros titres dans la presse : « Ingrid Chauvin, symbole d'espoir ». Enfin ! Notre couple est perçu par beaucoup comme un exemple d'amour. Ça aussi fait très plaisir. Quel chemin avons-nous parcouru depuis notre rencontre ! Nous pouvons être fiers de nous. « Tu te rends compte, chérie, tu es enceinte ! », me dit souvent Thierry. En guise de réponse, je place mes mains sur mon ventre et le regarde, terriblement émue. Chacun de nous a encore du mal à réaliser, et ce petit ange tombé tout droit du ciel me semble parfois très irréel. Il est des rêves magnifiques dont on voudrait ne jamais se réveiller.

Mais il est une réalité que je ne peux occulter et que nous allons devoir accepter : celle de notre projet d'adoption qui va être suspendu. La psychologue et l'assistante sociale qui nous encadrent nous avaient prévenus : en cas de grossesse, notre dossier serait momentanément gelé ! Pour nous laisser le temps d'accueillir ce bébé, « afin que chacun prenne ses marques dans la nouvelle dynamique familiale qui se profile », m'ont-elles expliqué. Je peux le comprendre, bien sûr, mais c'est frustrant et j'espère simplement que notre âge ne finira pas par devenir un motif de refus.

Avant que les médias ne s'emparent de l'heureuse nouvelle, j'ai dû prévenir cette psychologue et cette assistante sociale pour qu'elles ne l'apprennent pas par une autre voie. Je l'ai fait en précisant que nous espérons pouvoir relancer notre demande d'adoption dans les plus brefs délais. Que ce miracle de la vie ne change rien et que notre désir d'adopter reste intact. Je sais bien que nous ne sommes pas les seuls à être dans cette attente. Je crains que le fait d'avoir eu la chance de porter moi-même un enfant ne nous fasse retomber tout en bas de la pile de dossiers. Les conditions d'adoption sont devenues extrêmement complexes, longues et pleines d'embûches. Beaucoup de pays se sont fermés, ou attribuent en priorité à leurs ressortissants les enfants en bas âge et en bonne santé – ce qui est compréhensible. Or, à cause de tout ce que nous avons traversé avec notre fille, il nous est difficilement envisageable de prendre en charge un enfant qui aurait des besoins médicaux... Contrairement à ce qui se passait il y a quelques années, il est aujourd'hui plus facile d'adopter un petit pupille de l'État, même s'ils se font rares. Dans la région où nous avons reçu l'agrément, il y a une dizaine de petits pupilles de l'État attribués chaque année pour trois cent cinquante demandes ! Les délais sont très longs (jusqu'à cinq ans) et la priorité semble être donnée au maintien dans la famille d'origine. Nous sommes au bout du compte confrontés à un mélange de tradition administrative et culturelle qui conduit à une véritable aberration : cent vingt mille enfants sont placés aujourd'hui en famille d'accueil ou en institution, mais seuls deux cents d'entre eux sont chaque année déclarés adoptables !

21 avril 2016 : journée échographie ! J'entame ma trente-et-unième semaine de grossesse et suis maintenant très arrondie. Mon petit bonhomme bouge plus que de raison. Mon ventre se déforme parfois de façon impressionnante. Il y a quelques jours, je suis même parvenue à attraper l'un de ses pieds, qu'il n'a pas manqué de ramener vers lui au plus vite. J'en ai été aussi surprise que lui ! Comme

c'est craquant d'avoir entre les doigts ce minuscule talon...

Ce matin, pendant l'examen, nous pouvons le voir ouvrir les yeux. Thierry n'est malheureusement pas à mes côtés : depuis trois semaines, il réalise un téléfilm pour France 3 dans la région de Dijon. Mais il attend avec impatience mon appel et des clichés de son fiston.

Nous sommes donc seuls, Charles et moi, et il fait en sorte de prendre son temps, comme à chacune de mes visites. J'ai le sentiment que cette future naissance est importante à ses yeux, qu'elle lui tient à cœur et restera un moment à part dans sa carrière.

Je le vois concentré, les yeux rivés à son écran. Il examine mon bébé sous toutes ses coutures, le mesure une fois, deux fois, trois fois. Rien n'est laissé au hasard, tout est vérifié à plusieurs reprises. Nous l'observons, émus, déglutir, s'agiter, attraper ses pieds, passer ses mains au-dessus de sa tête, agiter les jambes puis les croiser. Je pourrais rester des heures à le regarder, le voir évoluer dans sa petite bulle.

Depuis quelque temps, Charles se plaît à me dire : « Ingrid, tous les feux sont au vert ! Je suis rassuré, tout est rassurant ! » Sourire aux lèvres, le cœur léger, j'entreprends de me rhabiller. Il me tarde de prévenir mon mari, qui ne doit pas quitter son téléphone des yeux. Charles, calendrier de grossesse en main, calcule la date idéale du terme. Compte tenu de mon âge, il est plus prudent de provoquer la naissance deux semaines avant le terme. Après quarante ans, les risques ne sont pas à négliger, il est même primordial d'être tout particulièrement vigilant. Mieux vaut une action préventive que d'avoir à affronter un problème en urgence, voire l'irréparable, alors que le bébé est prêt. À mon âge, il y a davantage de risques de complications vasculaires, d'hypertension artérielle, de diabète et de naissances prématurées. Il y a aussi davantage de complications pendant l'accouchement proprement dit et de césariennes. La liste est longue et fait froid dans le dos. Nous convenons donc de déclencher la naissance du bébé le 13 ou le 14 juin au plus tard, au cours de la trente-neuvième semaine. En un éclair, tout devient précis, écrit, calculé, organisé ! Mon cœur s'accélère mais je n'ose rien dire. Je lui réponds juste que je me doutais que ça se passerait ainsi, et c'est vrai. Je l'avais simplement rangé dans un coin de ma tête, en me disant que j'aurais le temps d'y penser. Que nous avions encore un certain trajet à faire... Dire qu'il y a dix jours à peine je trouvais le temps long ! Et là, à cet instant, je prends conscience que, dans un peu moins de huit semaines, je vais accoucher ! Vent de panique. Je sens quelques gouttes perler sur mon front. Pourtant, j'attends cette naissance plus que tout. J'en ai rêvé, presque supplié je ne sais qui. Et maintenant que cela va arriver, j'ai peur. Peur de ne pas être prête ni à la hauteur. Peur d'une complication, peur de mon émotion, peur d'être dans la comparaison, le souvenir de ma fille. Je le serai forcément. Y penser me tord l'estomac. Je me sens fragile.

Avoir un bébé était mon désir, mon but, j'ai voulu assurer et j'y suis parvenue. Je fais pour cela l'admiration de mon mari et c'est la plus belle des récompenses.

Charles m'observe. Il comprend, il sait ce qui me préoccupe. Nul besoin de mots, un échange de regards suffit, il me réconforte en silence. Je me ressaisis en une respiration. Nous notons notre prochain rendez-vous pour dans quinze jours, puis je le remercie d'une accolade chaleureuse. Un petit clin d'œil mutuel, et nous nous disons au revoir. Je sors, très émue. J'imagine la possible ou plutôt l'inévitable explosion de larmes que je vais devoir gérer dans un peu plus de sept semaines... Jade sera avec nous, et rien qu'en l'écrivant ce soir j'en ai la gorge qui se serre. Ce sera si beau et si douloureux !

J'ai peur de faire un malaise pendant l'accouchement, comme pour Jade. J'ai peur que mon bébé n'ait un problème. J'ai peur de mourir aussi, alors que je suis sur le point de réaliser notre rêve le plus cher : j'ai réussi ma mission et, moi, je vais y passer... Peur, enfin, de ne pas savoir faire après la naissance. C'est étrange de ressentir ça, après mon expérience si particulière et si « difficile » de maman.

À l'époque, c'est vrai, je me disais souvent que les jeunes mères qui se plaignaient ne se rendaient pas compte de leur chance. La seule chose qu'elles avaient à faire, c'était de savourer chaque instant! Mais notre conscience ne s'aiguise qu'après certaines épreuves. Ce n'est qu'après qu'on apprécie pleinement tout ce que nous offre la vie.

Pour pallier mes angoisses, je lis, je me documente, j'essaie de savoir ce que ressentent les bébés au moment de l'accouchement. Avec un minimum de connaissances, il me semble plus facile de gérer mon stress.

Aujourd'hui, à bientôt trente-deux semaines de grossesse, mon lien avec mon fils est devenu évident et me fait sourire. Par exemple, lors de notre rituel du matin, le plus souvent entre six et sept heures du matin, lorsque je me lève pour aller aux toilettes. J'y vais plusieurs fois par nuit depuis que je suis enceinte mais, au petit matin, ça ne rate jamais, mon bébé se réveille. J'ai beau essayer d'agir le plus doucement possible, d'avoir les mouvements les plus légers et les plus souples, rien n'y fait. Dès que je me recouche, il semble vouloir me dire «bonjour». Je le sens aussitôt s'agiter, comme s'il s'étirait après une bonne nuit de sommeil. Je pose délicatement mes mains sur mon ventre, ma façon de lui signifier que je perçois sa présence, et débute alors un formidable échange de câlins. Un peu comme s'il venait se blottir au creux de mes mains. Je lui parle, ça me paraît important.

Pour que cette voix qu'il connaît bien lui permette de s'apaiser plus tard, en cas de stress, d'angoisse ou de peur. C'est, je pense, ce qu'il peut ressentir dès la naissance. En passant brutalement d'un milieu où il fait plus de 37 °C à la température bien plus basse de la salle d'accouchement. En étant directement confronté pour la première fois à la lumière, ce qui doit être d'une grande violence. Et s'il faut avoir recours à des instruments tels que des forceps ou une ventouse, j'imagine la douleur que cela peut engendrer, en dépit des antalgiques qui doivent lui être administrés... Je me demande comment un bébé vit cette transition naturelle de la vie intra-utérine au monde extérieur dans lequel nous l'accueillons. Quel souvenir inconscient, inscrit quelque part en lui, en garde-t-il ?

C'est en prenant conscience de tous ces éléments que je prépare mon accouchement. J'aimerais qu'il soit naturel, même si j'ai compris qu'il serait dangereux d'aller jusqu'au terme. Alors, je vais lui parler, à mon petit bonhomme ! Et essayer de négocier avec lui. Je lui explique qu'il va falloir qu'il attende que son papa soit à nos côtés. En juin, mon mari sera partagé la semaine entre Paris et Lille, et ma plus grande appréhension est de devoir accoucher sans lui. Et pire encore, seule à la maison. Prise par surprise par un travail ultrarapide. C'est déjà arrivé, ça peut encore arriver ! Et j'ai toujours entendu dire que le deuxième accouchement est plus rapide que le premier. Il faut que je demande à ma grand-mère comment ça s'est passé pour ses quatre grossesses rapprochées... Depuis quelque temps, je fais le rêve désagréable que j'accouche toute seule, dans notre salon : avec des canapés blanc cassé, ce serait malheureux ! Bref, j'en viens à chercher sur Internet les gestes primordiaux à effectuer en de telles circonstances. Je me demande par exemple s'il faut couper ou non le cordon ombilical. Non, il ne faut pas. Laisser venir, laisser faire, sans tirer ni diriger la tête, prévoir de lui masser le dos s'il ne prend pas sa respiration tout de suite. Et, pour nous, les mamans, reprendre de l'air entre deux contractions et, surtout – essentiel : pousser pendant la contraction. En trois efforts d'expulsion, le bébé devrait être là ! Le réchauffer, l'envelopper soigneusement dans un linge propre, lui couvrir la tête et pratiquer le peau à peau. Éviter de toucher au cordon ombilical. En revanche, le placenta doit descendre spontanément au bout de quinze à trente minutes... Joker ! Je tiens à préciser que, lorsque j'ai accouché de ma fille, non seulement le fichu placenta n'est pas descendu, mais l'obstétricien lui-même ne parvenait pas à le déloger ! L'horreur ! Je garde encore la vision très gênante de cet homme penché sur moi, essayant coûte que coûte de faire venir à lui cet amas de tissu organique spongieux et richement vascularisé. J'ai fini par lui demander si je pouvais faire quelque chose pour l'aider ! Je l'observais, gouttes de sueur perlant sur le front, s'acharner sur ce qui restait de mon intimité. Autrement dit, plus grand-chose après un recours aux ventouses pour faire sortir ma princesse, une épisiotomie et ce placenta récalcitrant. Heureusement tout est rentré dans l'ordre, et il vaut mieux imaginer que, si l'on accouche seule, à ce stade de la délivrance, les secours soient enfin arrivés ! Et là, j'ai une pensée pour les femmes en train de me lire qui n'ont pas encore eu d'enfant... Je dois dire que l'ensemble des désagréments que nous vivons pendant la grossesse et l'accouchement s'oublie dès l'instant où nous découvrons notre bébé... Pour finir cette petite parenthèse « accouchement en solo à domicile », j'ajoute avoir lu que les médecins nous conseillent de nous placer en position allongée ou sur le côté, et se veulent rassurants en affirmant que les femmes sont faites pour accoucher seules et qu'ils ne font que nous accompagner !

Peut-être mais, pour mon mari et moi, la frustration serait immense s'il ne pouvait être présent. Alors, les jours où il sera à Lille, j'ai décidé que je resterai allongée, presque sans bouger ! Et je vivrai tout à fait normalement à chacun de ses retours, n'hésitant pas à en faire plus qu'il n'en faut pour favoriser le début du travail. J'élabore tout un scénario, c'est plus fort que moi, mais je sais bien que, au bout du compte, seule la nature décide. Notre rôle est juste d'assumer et d'accepter le mieux possible ce qui vient. La réalité est souvent tout le contraire de ce que l'on avait à l'esprit ! Il faut donc lâcher prise. Aussi difficile à faire que simple et rapide à écrire...

L'enfant d'après

Ça y est ! Le trousseau est prêt ! J'ai enfin réussi, à force d'entraînement dans les boutiques pour enfants, à tout acheter. Combien de fois m'y suis-je promenée et y ai-je choisi des petits habits avant de les reposer au dernier moment ? J'avais beau arborer fièrement mon ventre arrondi, je ne parvenais pas à me dire que c'était réel ! Et surtout je craignais que ces achats ne me portent la guigne. Mieux valait ne pas trop anticiper, me disais-je. C'est aussi pour cette raison que j'ai souhaité rester discrète le plus longtemps possible et que j'ai refusé de donner des interviews : l'engouement a déjà été immense sans que je fasse quoi que ce soit. C'était beau, bienveillant, et les médias semblaient ravis de pouvoir annoncer cette nouvelle. Mais au fur et à mesure que je découvrais les articles, la peur, paradoxalement, m'envahissait. Peur que tout s'arrête, peur de revivre l'épouvante. Peur de redevenir l'image du malheur, la victime de l'abominable. Comment rester debout en cas de récidive ? Ce serait au-dessus de mes forces. Je n'y parviendrais pas...

Mais jusqu'à quelle date fallait-il attendre ? L'impensable peut survenir n'importe quand, et il est rare de recevoir un préavis. Chaque jour, à chaque seconde, il peut se passer quelque chose d'atroce ou de merveilleux. Je n'y pense pas tout le temps, bien sûr, mais cette ombre ne me quitte pas.

Je suis marquée au fer rouge, brûlée au plus haut degré. Cela reste gravé dans ma mémoire, dans mon corps, mon âme en est remplie. Il me faut vivre avec ce traumatisme, cette amputation, ce manque d'oxygène. Je n'en ai pas le choix, nous n'en avons pas le choix. Je l'ai accepté mais ça ne veut pas dire que je l'ai oublié. Je ne peux pas l'oublier. Comme deux meilleurs « ennemis », nous essayons de cohabiter, sans conflit ni colère.

Je n'ai d'ailleurs jamais ressenti de colère, j'ai simplement eu mal. Et j'ai toujours horriblement mal. Mais je n'en ai jamais voulu à qui que ce soit. Certains penseront que c'est étrange, d'autres au contraire se retrouveront dans mes propos. Il n'y a pas de règles, pas de comportements meilleurs que d'autres. Mais, quelle que soit notre personnalité, il me semble important, primordial même, de ne pas se perdre dans des idées de revanche ou de se complaire dans des pensées négatives. Ça ne permet ni d'aller de l'avant ni de se reconstruire. Ni même de faire son deuil. Bien souvent, je reçois des messages de mamans qui éprouvent non seulement une extrême douleur, mais aussi une colère et une rébellion inouïes. Comment avancer avec un tel état d'esprit ? Il n'y a même plus de place pour se recueillir avec son enfant disparu. Plus de possibilité d'ouvrir son cœur pour voir ce qui pourrait advenir de meilleur. Ressentir du réconfort, de l'amour, des petits signes qui réchauffent, des lueurs d'espoir... tout ce qui fait que l'on arrive à s'en sortir. Je n'ai pas de leçons à donner, je ne me le permettrai pas, surtout quand il s'agit d'histoires de famille si terrifiantes et douloureuses. Je tente juste d'apaiser autant que je le peux tous ceux qui se tournent vers moi en espérant y trouver du réconfort et une aide pour se reconstruire. Je suis à l'écoute et essaie simplement d'aiguiller celles qui, me semble-t-il, s'éloignent dans l'obscurité et risquent de s'y perdre. Ma plus belle récompense est de recevoir un message, quelque temps après : plus léger, inondé de remerciements. À travers les mots, je vois des sourires, encore timides parfois mais bien réels, et cela me touche profondément.

Quand la presse a annoncé ma grossesse, j'ai accepté d'être la rédactrice en chef d'un jour de l'émission « Les Maternelles », sur France 5. À vrai dire, la production m'avait approchée bien avant de savoir que j'étais de nouveau enceinte. Elle souhaitait que nous fassions une émission sur le thème de l'adoption. Notre désir d'adopter étant connu de tous, l'idée était d'être la porte-parole de ce projet, dont l'aboutissement est aussi magnifique que son avancement est périlleux et interminable. Notre situation ne me permettait pas de témoigner concrètement puisque notre dossier n'avait pas réellement évolué. Nous étions comme des milliers de parents agréés : vivant dans l'espoir et à l'affût d'un coup de téléphone qui nous annoncerait qu'un enfant venait de nous être attribué par le conseil de famille.

Malgré l'horreur dans laquelle je me trouvais après la mort de ma fille, j'avais gardé un chaleureux souvenir de l'interview que nous avions enregistrée au moment de la sortie d'*À cœur ouvert*, interview au cours de laquelle j'avais osé parler de ce sujet tabou qu'est la mort d'un enfant. « Les Maternelles » est une émission unique qui, selon moi, a un grand intérêt : elle est intelligente, bienveillante et permet de répondre à toutes les questions que peuvent se poser les parents, à un moment ou un autre.

J'ai donc pensé qu'il serait bien de profiter de cette nouvelle invitation pour y annoncer officiellement ma grossesse. J'entamais le sixième mois ; me montrer juste une fois permettrait, je le savais aussi, qu'on me laisse ensuite tout à mon bonheur. Je voulais également témoigner de ce nouveau miracle, montrer que, même après une terrible épreuve, il est possible de se relever, voire de redonner la vie.

En préparant cette émission, j'ai pris mon rôle très à cœur et j'ai souhaité qu'on y évoque des sujets liés à ce que je traversais depuis le départ de notre fille. Notamment la place qu'on donne au bébé d'après. C'est au cours de cette émission que j'ai compris à quel point il pouvait être difficile et douloureux d'être cet enfant-là. Grâce, entre autres, aux témoignages de deux jeunes femmes qui ont vécu cette situation, et aux explications de Marie-José Soubieux, une psychanalyste spécialiste du deuil périnatal, auteure du *Berceau vide*.

Je voudrais tout faire pour que mon fils n'ait pas à subir ce poids. L'accueillir, le rassurer, ne pas commettre d'erreur, donner le meilleur et espérer être à la hauteur. J'y pense chaque jour et, parfois, je panique. D'autres fois, je me rassure en me disant que l'amour me guidera. Je ne cacherai à mon fils ni l'existence de sa grande sœur ni ce qui s'est passé, bien au contraire. Parce que je me suis rendu compte qu'il y a une réelle différence entre ceux qui ont connaissance de l'histoire de leur grand frère ou de leur grande sœur et ceux qui ne l'ont pas. Alors, j'en parle à mon bébé depuis le début de ma grossesse. Il me faudra, après, trouver les mots justes pour qu'il comprenne par petites touches, en fonction de son âge. Réussir à lui dire les choses simplement, sans tabou ni mensonge. Et alléger ce poids si lourd que je porte sur mes épaules, pour ne pas l'en encombrer. Mon fils ne remplacera jamais Jade, et je suis heureuse de n'avoir jamais été dans cette confusion. Pour moi, les choses sont très claires : je suis maman d'une petite fille, qui n'est plus physiquement parmi nous, mais toujours là, malgré tout. Qui m'accompagne vingt-quatre heures sur vingt-quatre, quoi que je fasse, où que je sois. Et je suis la maman d'un garçon, son petit frère. On ne guérit jamais de la douleur d'avoir perdu un enfant; c'est une plaie béante qui ne se refermera jamais. D'une certaine manière, je suis contente que la nature ne m'ait pas offert d'enfant pendant deux ans, il me fallait tout ce temps pour redevenir vivante. Un immense bonheur se profile aujourd'hui, et j'apprends à vivre au présent, en remerciant sans cesse ma fille et mon fils de m'offrir un tel cadeau.

Je pense jour et nuit à Jade et à son petit frère. Par moments, je me surprends presque à vouloir faire une lessive ou préparer un biberon; à d'autres, en revanche, je suis obligée de me toucher le ventre et de me regarder dans un miroir pour m'assurer que je suis bien enceinte. Paradoxe qui me fait passer d'un extrême à l'autre, mais cette ambivalence est légitime, et je la gère. Depuis que j'ai appris ma grossesse, je me suis conditionnée. Comme à chaque moment de ma vie où je sens que je vais être confrontée à une situation délicate, particulière ou éprouvante, je me change en bon petit soldat qui ne baisse pas les bras. Les obstacles deviennent des challenges que je prends plaisir à relever. Dans quelques semaines, les deux doudous avec lesquels j'ai pris l'habitude de dormir – comme je l'avais déjà fait pour Jade – vont quitter mon cou et auront pour mission de réconforter mon petit bonhomme. Mes nuits, elles, seront sûrement sans sommeil par crainte qu'il n'arrive quoi que ce soit à mon bébé. Thierry et moi allons être confrontés à nos souvenirs et à nos peurs, nous le savons. Une fois de plus, le petit soldat se mettra en éveil et fera son possible pour lutter contre les éléments. Puis viendra le temps de l'apaisement, de la pression qui retombe et du bonheur que nous savourerons d'être une famille.

En attendant, malgré les dix-sept kilos qui s'accumulent et cette opulente poitrine qui à elle seule pourrait nourrir toute une maternité, j'ai la très agréable sensation d'être aussi légère qu'une plume. Je marche au hasard des rues de Paris, le plus souvent dans mon quartier où j'ai mes petites habitudes de balade. Regard pétillant et sourire aux lèvres, je flâne, et mon nouveau bonheur semble émouvoir les gens sur mon passage. On me regarde avec un large sourire, on me félicite, on me fait des compliments. Comme une poudre de félicité qui se propagerait et gagnerait celles et ceux qui croisent ma route. Il y a quelques jours, une grand-mère m'a attrapé le bras en pleine rue, comme pour me confier un secret. Elle s'est approchée de mon oreille et m'a glissé : « Ce que je suis heureuse pour vous ! Vous le méritez tellement... Vous êtes belle et vous serez une maman formidable ! » Comment ne pas être bouleversée par ce genre de rencontres ? Je me souviens aussi de deux éboueurs, dans leur tenue jaune fluorescente, installés au café du coin avec un panini pour l'un et une barquette de frites pour l'autre :

— Félicitations et bon courage ! On est heureux pour vous !

— Merci, messieurs, et bon appétit !

Le tout inondé de sourires.

Notre histoire a marqué beaucoup de gens et de familles. Je m'en rends encore mieux compte aujourd'hui, car les gens osent davantage venir me voir de façon spontanée et me parler. Souvent, les parents endeuillés font fuir : il est si difficile et délicat de savoir comment se comporter vis-à-vis de nous ! Quels mots utiliser ? Lesquels sont à bannir ? Les maladresses sont omniprésentes, sans compter l'immense gêne qui s'installe généralement. Cela se solde le plus souvent par des phrases qui s'interrompent ou, pire encore, par le silence, les gens qui vous évitent. Alors, la solitude se creuse encore un peu plus, l'étau de douleur se referme sur les parents, jusqu'à l'inévitable étouffement. Monsieur, habituellement plus pudique, se renferme, et madame reste seule avec un flot d'émotions, de peurs, de doutes qu'elle aurait besoin de partager, tout un déluge de paroles qui restent en suspens. J'ai appris – et cela m'a sauvée – à parler avec mon mari.

Moi qui suis à l'origine une sauvage, une solitaire enfermée dans une épaisse carapace, j'ai appris à m'ouvrir et à y prendre un réel plaisir. Pas tout le temps ni avec tout le monde. Avec très peu de gens, à vrai dire ! Extrême timidité, complexe d'infériorité, manque de confiance, peur de l'autre... je pars de très loin. Il me faudrait plusieurs vies pour changer radicalement. Mais mon mari est un magicien, et ses pouvoirs sont immenses ! Et quel parcours déjà, quels progrès ! Je savoure et suis tellement fière lorsque je parviens à dépasser mes limites, ce qui m'arrive de plus en plus souvent. Certes, vous ne me verrez pas encore détendue sur un plateau télé. Ça, ça relève de l'impossible, même si j'adorerais. Ça m'agace tellement de me sentir coincée, sans repartie, manquant de maîtrise et surtout de naturel. On m'avait dit : « Tu verras, si tu remportes du succès auprès du public, si ça marche pour toi, tout ça ne sera plus qu'un mauvais souvenir. Tout va se débloquer, tu vas finir par apprécier et tu auras même le besoin d'être tout le temps au centre de l'attention ! » Eh bien non, pas du tout ! Rien n'y fait, je suis restée une petite chose fragile dès que je sors de mon cocon. D'ailleurs, quand j'ai décidé de devenir comédienne, je pensais uniquement au fait de jouer, d'incarner des personnages, de raconter des histoires, j'avais complètement occulté la notoriété qui peut aller avec. La vie qui change, le fait qu'on appartient un peu aux autres... tout ça a été très difficile à gérer. Parce que, si je fais un métier extraordinaire, je suis quelqu'un de très ordinaire, qui aime vivre normalement. C'est important, pour moi, de rester dans la réalité !

Et aujourd'hui, je me sens bien, je suis à la limite de la lévitation ! Il me semble que, en dépit de toutes mes inquiétudes, rien ne pourrait venir ternir ce bien-être. Le petit bonhomme qui grandit dans mon ventre se révèle du reste d'une aide précieuse : dès, par exemple, que je commence à me tracasser parce qu'il ne s'est pas manifesté depuis un bout de temps, eh bien, ça ne rate jamais. Cette petite merveille de la nature semble capter mes émotions, comprendre mes pensées : en quelques secondes, je sens un bras, un minuscule pied qui s'agite, et me voilà tranquillisée.

J'appréhendais en janvier d'arrêter la pièce, de perdre ce rythme intense. J'imaginais que mes journées allaient tout à coup me paraître bien vides, trop longues, trop angoissantes... Finalement, je ne vois pas le temps passer. J'aime ce break imposé qui me permet de me concentrer sur ma maternité et sur ce projet d'écriture qui me tient tant à cœur. Je suis avec vous tous les jours depuis quatre mois et vous partagez, bien plus que vous ne l'imaginez, ma grossesse. J'aime aussi ce nouveau rythme après celui du théâtre et de ses représentations quotidiennes. D'autant que je sais que je vais retrouver la troupe, la scène et le public dès le début de l'année prochaine. Mon groupe de fidèles ne manquera pas à l'appel de la tournée : certains d'entre vous m'en parlent déjà et ont même réservé leurs places ! Je suis heureuse de bientôt les revoir, de vous revoir. Après le miracle de cette année, l'émotion sera palpable... En attendant, je prends du temps pour moi, pour les miens. Il est essentiel, à mes yeux, de ne pas se perdre dans la spirale infernale du travail. Dans notre métier, on se laisserait facilement tenter tant il est difficile de savoir ce que nous réserve l'avenir. Un jour, on existe, on peut même être adulé ; le lendemain, on n'est plus rien. Disparu, oublié, balayé en un claquement de doigts. On a beau le savoir et s'y préparer, cela reste une source d'angoisse latente et de stress avec laquelle on doit sans cesse cohabiter.

En tout cas, pour l'instant, je me prépare à mon prochain grand rôle : celui de maman. Moi qui n'y croyais plus, je porte la vie et, vu mon âge, ce sera la dernière fois. Alors je compte bien me délecter de chaque moment. Les bons comme les moins bons. J'entends par là les petits désagréments de la grossesse, qui tentent de ternir ces moments de grâce. Je ne vais pas en faire la liste, cela remplirait tout un chapitre ! Mais, lorsque l'on est dans mon cas, avoir des nausées accompagnées de vertiges devient un bonheur ! Il faut avoir conscience et profiter de tout ce qui nous est donné, remercier, sourire, transmettre et partager : c'est ce que je tiens le plus à inculquer à mes enfants. Comme l'a dit si bien Oscar Wilde : « Vivre est la chose la plus rare, la plupart des gens se contentent d'exister. »

Les coccinelles

Ils me sont d'abord apparus sur les colonnes en marbre rose de la terrasse du décor d'*Avanti!*. Chaque soir, pendant la représentation, j'avais quelques minutes de rêverie solitaire sur cette terrasse et, à plusieurs reprises, j'ai vu des visages se dessiner le long de ces colonnes. Désormais, ils m'apparaissent dès que mon regard s'attarde quelque part. Dans les nuages qui traversent le ciel. Sur les murs, dans les nervures du carrelage de la salle de bains ou les tableaux qui ornent la maison. Certains ont des traits enfantins, d'autres ressemblent à des elfes. Tout cela peut sembler absurde, j'en reste moi-même perplexe et n'en cherche pas l'explication; je remarque juste qu'il émane de ces figures quelque chose de bon. Je les vois comme des ombres bienveillantes qui me suivent. Qui semblent vouloir m'apporter une forme de protection, de sérénité, de confiance en l'avenir. Du moins en un avenir proche, car je ne parviens plus à me projeter trop loin... Ces visages sont l'exact inverse de ce qu'il m'est arrivé de voir dès les premiers jours où nous avons appris la pathologie dont souffrait notre fille. Plus d'une fois, j'ai été surprise et terrifiée par des apparitions macabres que je rejetais avec violence mais qui m'ont poursuivie... Je n'en oublierai jamais la première manifestation. Nous étions dans notre maison du sud de la France et, plongée dans un bain, j'essayais d'apaiser mon cœur meurtri de toute jeune maman quand, devant moi, sur le mur, j'ai soudain découvert un effroyable visage en noir et blanc : une tête de mort ! Je suis restée pétrifiée. Souffle coupé. Pourquoi cette image menaçante devant mes yeux bouffis et noyés de larmes ? Voulait-elle me prévenir de quelque chose ? Ou était-elle le reflet de ce qui m'effrayait tant depuis quelques jours ? Impossible de le savoir, mais j'ai immédiatement détesté ce signe. Je n'en ai parlé à personne, à quoi bon ? On m'aurait répondu : « Arrête ! Il faut rester positif. Tout va s'arranger, tu vas voir... », « Le petit souci de Jade est fréquent et bénin pour la médecine moderne ! ». Ce n'était pas totalement faux, plus nous serions forts et positifs, plus nous pourrions transmettre notre force à notre fille. Alors, nous avons appris à nous armer de courage et d'entrain dès que nous nous approchions de Jade. Nous nous sommes toujours efforcés de ne pas lui communiquer nos peurs, quitte à nous écrouler et à éclater en sanglots dès que nous passions la porte. C'est ça, être parents, non ? Mais peut-être qu'au fond chacun de nous savait et que nous prenions sur nous pour ne pas déstabiliser les autres... Jade avait un regard si profond, si pénétrant. J'avais parfois l'impression qu'elle avait plus de sagesse et de maturité que je n'en avais moi-même. Comme si elle avait les clés d'un savoir auquel je n'avais pas encore accès...

Aujourd'hui, s'il m'est impossible de regarder certaines photos ou les vidéos de ma fille – je crois mourir de chagrin –, d'autres au contraire m'apaisent, me donnent le sentiment d'être connectée avec elle. Il m'arrive aussi parfois de ressentir quelque chose d'étrange... auquel je crois. Je réponds. J'attends parfois, je réclame, puis une vibration se fait entendre dans mon oreille. Comme une onde particulière, électrique, un peu similaire à celle que perçoivent les gens qui souffrent d'acouphènes. Comment savoir ? Est-il possible qu'il s'agisse bien de ma fille, lorsque je crois être en communication avec elle ?

Je perçois des signes qui, me semble-t-il, existent réellement et forment un ensemble cohérent. Certaines perceptions sont si claires, si évidentes ! Je me souviens de la première, quelques jours après le départ de Jade. Au paroxysme de la douleur, je m'étais réfugiée dans notre chambre. La tête enfoncée dans l'oreiller, je tentais d'étouffer le son de mes sanglots, je ne voulais surtout pas embarquer mon mari avec moi. Au bout de quelques minutes à peine, j'ai très distinctement entendu des battements de cœur à l'intérieur de l'oreiller. J'ai d'abord cru qu'il s'agissait des miens, il n'en était rien. Le rythme était différent. Il y avait bien deux cœurs qui battaient la chamade dans cette chambre. J'ai vraiment eu l'impression, dans ce moment si douloureux, de ressentir la présence de notre fille, toute proche, qui semblait vouloir me dire : « Ne pleure pas, maman, je suis là ! » Je ne sais pas quoi en penser réellement ; la seule chose dont je sois sûre, c'est que c'était si doux, si apaisant que, sur-le-champ, j'ai arrêté de pleurer. Un peu comme si me voir dans cet état de détresse rendait ma fille malheureuse.

Le deuxième signe nous est arrivé le jour des funérailles de Jade. Nous roulions dans Paris, vers le cimetière du Père-Lachaise – ce lieu où jamais je n'aurais pensé devoir aller, et surtout pas pour l'inhumation de notre fille –, quand notre regard a soudain été attiré par un point rouge posé sur le tableau de bord. Une coccinelle qui, à l'un et à l'autre, nous a aussitôt fait penser à Jade. D'autant qu'elle nous attendait à notre retour du cimetière et nous a raccompagnés jusqu'à la maison.

Savez-vous d'ailleurs pourquoi nous les appelons les « bêtes à bon Dieu » ? Ce surnom remonte à une légende du XIe siècle. À Paris, un homme, accusé d'un crime qu'il n'avait pas commis, avait été condamné à avoir la tête tranchée. Alors que le bourreau s'apprêtait à exécuter la sentence, une coccinelle vint se poser sur le cou de l'innocent ; le bourreau tenta de l'enlever mais, chaque fois, elle revenait se poser au même endroit. Le roi Robert II, voyant là une intervention divine, décida de gracier l'homme et peu après on mit la main sur le véritable meurtrier ! Persuadés que la coccinelle avait été envoyée par le Tout-Puissant pour sauver cet innocent, les témoins lui donnèrent le nom de « bête à bon Dieu ». L'histoire s'est répandue et, depuis, la coccinelle est considérée comme un porte-bonheur qu'il ne faut surtout pas écraser.

Depuis, très souvent, je croise des bêtes à bon Dieu sur ma route, dans des lieux ou aux saisons les plus improbables (j'en ai ainsi vu sur mon balcon tout l'hiver !), et je ne peux m'empêcher de penser qu'il s'agit de petits clins d'œil de Jade.

En particulier ce 25 mars 2016. Depuis le réveil, je retiens mes larmes. Je me sens si fragile aujourd'hui. On a beau se dire que les dates ne changent rien à la douleur ni au manque... Sans le vouloir, depuis quelques jours, je ne cesse de voir défiler minute par minute tout ce que nous avons vécu, subi ou dû surmonter ce 25 mars 2014 où nous avons perdu notre fille. Et c'est un supplice. Ces deux dernières semaines, j'ai pensé sans arrêt à cette date qui approche, j'ai essayé chaque jour de m'y préparer. J'ai tenté de me focaliser sur les beaux souvenirs, et ils sont nombreux. Il y en a des tendres, des joyeux, il y a même eu des éclats de rire. Jade avait cette petite particularité de rire aux éclats sans que le moindre son ne sorte de sa bouche. C'était tellement attendrissant! Toutes ces images restent gravées en moi, je les garde précieusement. Mais les bons moments comme les plus douloureux sont difficiles à revivre, aux alentours de cette date. Aujourd'hui, deux ans plus tard, je reste déchirée par ce cataclysme qui a bouleversé notre existence à jamais. Je vis l'absence de Jade comme une présence multipliée, son absence est devenue une omniprésence dans mon cœur et dans mon esprit. Je me bats pour chasser certaines images terrifiantes, indélébiles, insoutenables. Mais je ne gagne pas toujours. Elles me soulèvent le cœur, me coupent le souffle. Je ne peux pas revenir en arrière, je n'ai le choix que de me ressaisir. Alors, une fois encore, je prends sur moi et j'avance.

J'ai voulu ne pas rester enfermée aujourd'hui, ne pas me laisser envahir. Être au contraire en communion avec ma fille. Penser à elle joliment et lui parler comme je le fais si souvent. Mais je sais que je m'impose un «exercice» que je ne pourrai pas relever. Mes forces ont leurs limites, et cela fait bien trop longtemps que je retiens mes larmes. Je ne veux pas craquer. Je voudrais pouvoir protéger mon bébé du moindre stress mais, à trop vouloir être tout le temps dans le contrôle, on finit par le perdre totalement. C'est la gorge nouée que je marche dans Paris, en tentant de penser à autre chose. Je décide même de me diriger vers une boutique de vêtements pour nouveau-nés, afin d'imprimer à cette date douloureuse un souvenir agréable, plus apaisant. Le premier achat du petit frère de Jade ! Je lui parle et le rassure comme je peux, lui explique que je suis triste mais qu'il n'y est pour rien et que ça va passer. Que je l'aime très fort, aussi fort que sa grande sœur.

Je lutte contre un trop-plein de larmes qui ne demande qu'à jaillir. Je me suis dit que ça m'aiderait d'être à l'extérieur, au contact et à la vue de tous, pour ne pas craquer. Parce que je ne voudrais pas que l'on me surprenne dans cet état. À la maison, j'aurais déjà éclaté en sanglots. À cette pensée, mon cœur se déchire et mes yeux s'embuent. J'ai beau me concentrer, tenter de prendre une expression avenante, les premières larmes s'échappent. Je les balaie de l'index, soupire un grand coup, essaie de me reprendre du mieux que je peux. Mais ma gorge est comme dans un étau. Bouche tremblotante, je m'efforce de poursuivre mon chemin. Une fois à la hauteur du magasin, on verra bien si je parviens à y entrer.

J'entends une femme m'interpeller dans mon dos, mais je n'ose pas ralentir la cadence de peur de ne pas pouvoir retenir mes larmes. Elle ne sait rien de mon état, encore moins que cette journée est des plus douloureuses pour moi. Je fais semblant de ne pas entendre, je m'en veux d'agir ainsi mais je n'ai pas le courage. À cet instant, il m'est impossible de faire autrement. Je fuis une présence que je devine pourtant bienveillante. Mais la femme insiste et finit par arriver à ma hauteur. Je découvre un visage d'une bonté renversante. Elle s'excuse de son intrusion et me dit avec une grande douceur qu'elle est heureuse de ma nouvelle grossesse et me souhaite beaucoup de bonheur. Je reçois ces mots en plein cœur, je voudrais la remercier chaleureusement mais parviens à peine à balbutier un « Merci ». Elle saisit mon émotion, reprend sa route et s'évapore, tel un ange venu de nulle part. Cette rencontre fortuite m'a apaisée et, grâce à cette femme, je vais sûrement parvenir à réaliser mon désir du jour : acheter la toute première tenue de mon petit garçon !

Mais je n'ai pas pu. Comme si acquérir ce premier vêtement allait brutalement me sortir de la douceur de mon bonheur. Me porter malheur. J'avais pourtant choisi une adorable barboteuse de couleur bleue, je l'avais même posée contre moi, imaginant avec plaisir que, dans quelques semaines, mon petit ange la porterait. Fière de démarrer le trousseau de naissance, j'ai flâné un bon moment et puis, de nouveau saisie par l'angoisse, j'ai fini par reposer le tout. J'ai regagné la maison, déçue, en me disant que je ne pourrais faire ces achats qu'accompagnée.

J'entre dans la «chambre des enfants», le cœur lourd et l'âme en peine. Cette journée se révèle aussi difficile que je le redoutais. Il y a quelques semaines, j'ai pensé qu'il fallait se décider à refaire un peu la décoration de cette pièce puisqu'elle va devenir la chambre d'un petit garçon. C'est douloureux de devoir modifier certaines choses, de les changer de place, voire de les remplacer. Depuis le départ de Jade, je n'ai par exemple jamais eu le courage de laver la parure de son lit, ni même de déplacer quoi que ce soit. Partagée entre un sentiment d'impuissance et le désir de vouloir tout garder intact! Comme si elle n'était pas partie loin, comme si elle allait revenir...

Perdue, assise sur le tabouret rose destiné à notre fille, je laisse exploser ma douleur. Elle jaillit tel un volcan en éruption, j'éclate en sanglots, à en avoir la respiration coupée. Ça me tord, ça me déchire littéralement le corps. Depuis deux ans, je ne m'étais jamais autorisée à pleurer de cette façon, j'étais habitée par une certaine forme de retenue, l'envie de paraître forte et courageuse. Je ne voulais pas non plus être un poids supplémentaire pour mon mari. Je crois que nous avons tous les deux agi de cette façon pour ne pas plonger l'autre davantage dans l'horreur. Mais aujourd'hui, seule dans l'appartement, je ne contrôle plus rien et me sens en plus coupable vis-à-vis du bébé. La douleur et les larmes redoublent. Je dois laisser faire, mon corps et mon esprit en ont besoin. Je ne tiens plus dans cette pièce où tout s'est arrêté. Alors, je finis par regagner le salon. Recroquevillée sur un canapé, j'ai l'impression de peser une tonne et d'avoir perdu toutes mes forces. Plus aucun mouvement ne m'est possible. Je reste là, prostrée, le visage inondé de larmes, impuissante face à la douleur qui me submerge, alors que je porte de nouveau la vie.

Je ne saurais dire combien de temps s'est écoulé avant que la sonnerie de mon portable ne me fasse sursauter. *Amore* clignote sur l'écran. C'est mon mari qui tourne en ce moment en province. Avec le rythme soutenu de ses journées, ses appels sont rares. Malgré mes larmes, je ne peux ou plutôt ne veux pas manquer celui-là.

Au son de ma voix, il comprend que ça ne va pas. Je m'en excuse, lui explique que c'est normal, que ça va passer. Je ne veux pas lui transmettre ma détresse, mais ma voix se brise, et la douleur, plus forte que tout, m'empêche de poursuivre notre conversation. Devant moi, la télévision est allumée, sans le son; il est un peu plus de vingt heures, nous sommes en plein milieu du journal. Machinalement, mon regard se pose sur l'écran pour y découvrir... un reportage sur les supérettes Coccinelle : je trouve ça fou, je n'en connaissais même pas l'existence! Le journaliste filme l'intérieur d'un de ces magasins, montre différents rayons, dont celui des alcools et, à l'image, apparaît une bouteille de bière d'une marque qui m'est tout aussi inconnue : Jade... Je suis estomaquée.

Je n'ose y croire mais dois bien me rendre à l'évidence que, chaque fois que je plonge dans un profond chagrin, je reçois un signe de ma fille.

Ces signes nous surprennent, nous ahurissent même, avant de nous apporter une certaine forme de soulagement. Ils ouvrent aussi la porte de l'espérance et de la croyance parce que l'on s'imagine que, là-haut, on a entendu notre chagrin, notre douleur, et qu'il nous est accordé un petit quelque chose, une présence qui vient nous réchauffer le cœur, sécher les larmes et parfois même nous soutirer un timide sourire. « C'est toi, ma chérie ? Je t'aime, mon amour... Je vis pour toi, j'apprends à être forte pour toi, non, à être forte comme tu l'étais, toi ! » C'est merveilleux de sentir sa présence. Même si c'est faux, même si ce n'est que le fruit de mon imagination, même si je surinterprète la réalité. Ça fait du bien, ça aide à tenir, à avancer. Et peut-être qu'un jour nous saurons vraiment. Peut-être qu'un jour, oui, j'aurai la certitude que ma fille nous a bien offert un petit frère. Que non seulement elle existe encore, comme je le ressens, mais qu'elle possède des pouvoirs extraordinaires, inconcevables pour nous ici-bas.

Je m'égare dans des pensées qui ne vont pas plaire à mon mari. Je me livre de façon instinctive, chacun en pensera ce qui lui plaira. Je n'accorde que très peu d'importance au jugement de ceux qui n'ont pas vécu ce que j'ai pu traverser. Mais mon mari sait aussi que, malgré tout ce que je peux ressentir, j'essaie de rester rationnelle. Je cherche dans mes lectures un écho à mes pensées, une résonance aux signes que je crois recevoir. Mon seul désir est de pouvoir être rassurée sur le bien-être de ma fille. Jade est partie si petite, et la première. Si, après la mort – comme le disent certains –, nous sommes accueillis par des êtres chers (nos parents ou grands-parents), si l'on peut faire un parallèle avec la naissance (lorsqu'on vient au monde, la sage-femme puis notre famille nous prend dans les bras), qu'en est-il pour tous ces jeunes enfants qui sont emportés les premiers? Jade n'a personne qui soit parti avant elle...

Je ne suis qu'aux prémices de mes recherches, dont le seul but est de savoir s'il existe réellement un ailleurs ou une continuité. Mais j'avoue ne guère trouver de véritables réponses à mon envie, à mon besoin de croire à une forme de vie après la mort. Une forme différente mais tout aussi réelle. Notre esprit existe-t-il indépendamment de notre corps? Lorsque le cerveau meurt, la conscience disparaît-elle pour autant? Que devient-on? Que se passe-t-il «après»? En Occident, ceux qui ne sont pas croyants subissent la mort. Ils ne reconnaissent pas le monde de l'invisible comme une réalité. Pourtant, dans de nombreuses cultures, le lien avec les ancêtres décédés fait partie de la vie. On vit au quotidien avec les fantômes. Nous autres les fuyons presque. Par peur ou par ignorance ? D'après certains, un aspect de notre identité, de notre personnalité continuerait d'exister après notre mort physique, et serait capable de communiquer. Face à ces thèses, je reste dans un mélange de fascination un peu craintive et de suspicion. Malgré l'avancée exceptionnelle de nos connaissances, rien n'a été réellement prouvé à ce sujet. Je voudrais tant qu'il y ait un « après » et que, dans cet « après », nous puissions être les témoins de ce qui se passe ici-bas.

Dernière ligne droite

3 mai 2016. Je viens de recevoir un appel de Florence Mahé-Dombis. Ceux qui ont suivi mon engagement pour l'acquisition d'un robot pédiatrique chirurgical la connaissent déjà : c'est la directrice du mécénat de l'hôpital Necker. Florence m'a annoncé, joyeuse et émue, que le robot sera livré au mois de juin... au moment même où mon miracle viendra au monde ! Je suis bouleversée, je jubile, j'ai du mal à formuler les mots... « T'es une championne, ma fille ! » : c'est Jade qui a suscité en moi le désir de venir en aide à cet hôpital, pour améliorer le quotidien des tout-petits et sauver des vies : pas loin de deux cents par an, grâce à ce nouveau robot. C'est si extraordinaire !

Chercher des solutions pour que ce projet puisse se concrétiser et aboutir m'avait paru primordial.

Je me souviens de ma toute première intervention, au micro de Marc-Olivier Fogiel, sur RTL.

Jade venait de partir, et m'exprimer était un supplice. Mais, devant l'émotion que suscitait notre drame, les centaines de milliers de messages que je recevais, j'éprouvais le besoin d'informer tous ces gens qui nous manifestaient de l'empathie de l'importance d'un tel projet et de solliciter leur aide. De faire ainsi quelque chose de constructif, qui m'aiderait à trouver une raison de rester sur Terre.

Vous avez été très nombreux à répondre à l'appel. Et très nombreux à vous intéresser à l'avancée de ce défi. Je savais que les choses progressaient mais je ne pouvais jusqu'alors vous assurer d'une date précise... C'est fait ! Comme j'aime à le répéter, il n'y a pas de petites sommes. Seule la participation est importante. Mais il était aussi indispensable que des mécènes exceptionnels s'investissent pour mener à bien cette aventure ambitieuse. Ce projet a suscité l'intérêt, et le travail de fourmi de Florence a ensuite permis de concrétiser l'un des plus beaux rêves que je voulais réaliser.

Les équipes médicales profiteront de l'été pour se former à cette grande avancée technologique, et une journée d'inauguration est prévue à la rentrée. Je serai là, j'ai toujours dit à Florence que je serais présente. Présente également le jour de la première intervention sur un enfant. Ce sera très émouvant pour moi, et Jade pourra être fière d'elle...

Cette nouvelle a illuminé ma journée, je dois attendre encore un peu avant de pouvoir l'annoncer publiquement, mais je vous laisse imaginer à quel point je suis pressée de le faire !

Cette nuit, je croyais m'endormir paisiblement, bercée par la joie qu'a suscitée cet appel de Florence, mais non. Aussi étrange que cela puisse paraître, je n'arrive pas à trouver le sommeil. J'ai fait l'erreur de travailler sur mon livre jusque tard dans la soirée : téléphone à portée de main, j'ai pris des notes jusqu'à trois heures du matin ! Je sais pourtant qu'il me faut du temps pour décrocher et passer à autre chose. Je me suis déjà fait avoir plus d'une fois ! À croire que l'expérience ne me sert à rien... Au début, certains soirs, je faisais une autre erreur : celle de ne pas noter ce à quoi j'avais pensé, imaginant que ça me reviendrait tout naturellement le lendemain. Mais au matin, tout s'était envolé !

Et ce sommeil qui m'échappe toujours... Je feuillette – non sans plaisir – les pages du livre qui défilent devant moi à toute vitesse... Si vite, si nombreuses que je ne parviens pas à les lire ! De tous côtés, les choses avancent !

Je suis à un mois de l'accouchement. Un rien de semaines avant de pouvoir croiser le regard de mon petit garçon. Et, à cette seule idée, je me sens rayonner, je suis épanouie comme jamais. Au sens propre comme au figuré. Moi, la brindille, comme on s'amusait à m'appeler avant que je ne tombe enceinte ! Bientôt mes bras ne seront plus assez longs pour faire le tour de mon magnifique bidon.

Dieu sait pourtant que j'ai du mal avec tous ces nouveaux kilos, cette silhouette aux seins lourds qui me rappelle ma préadolescence et l'apparition trop précoce de mes formes généreuses. J'ai détesté avoir de la poitrine et des hanches. Dès l'âge de onze ans, comme dans un claquement de doigts, mon corps de fillette est devenu celui d'une jeune fille. Un matin, je me suis vue, ma poupée fétiche à la main, obligée d'aller acheter mon tout premier soutien-gorge ! Avec en prime les fameuses règles qui surviennent dans la foulée. Quel chamboulement pour nous, les filles ! On nous annonce avec fierté que ça y est, qu'on est des grandes, qu'on va pouvoir devenir des mamans. Et, *illico*, on fait connaissance avec les maux de ventre et les migraines qui plus tard agaceront les garçons ! On doit apprendre à grandir, en naviguant entre fierté et mal-être... Ressembler trop tôt à une femme m'a valu souvent des regards déplacés mais je n'en dirai pas davantage, ce n'est pas le sujet. Chacun doit apprendre à se construire avec ce qu'il a reçu, vécu ou subi, pour continuer d'avancer coûte que coûte.

Mon mari termine son tournage demain matin et va me rejoindre pour deux semaines. Je l'attends avec impatience : ce seront nos derniers moments à deux ! J'ai envie d'en profiter pour sortir, flâner, peaufiner la décoration de la chambre qui est devenue un doux mélange entre ce qu'était la chambre de Jade et celle de son frère. Il y a encore des objets qui portent le nom de Jade, des photos d'elle, et également des choses de petit garçon. J'arrive désormais à y entrer sans angoisse et, mieux encore, j'aime y passer du temps, je suis si heureuse que la vie y revienne... Le printemps semble enfin s'être installé sur la capitale, qui s'est vidée le temps de ce long week-end de l'Ascension. Je nous imagine dans quelques années avec notre fils, au bord de la mer, occupés à faire des châteaux de sable en famille. Une image anodine pour beaucoup. Mais c'est l'exemple type d'une situation *a priori* banale qui a pris à nos yeux une valeur exceptionnelle. Et bientôt, très bientôt, nous aussi devrions avoir la chance d'être des parents comme les autres, une famille tout simplement – un rêve qui nous paraissait inaccessible !

Maman que j'ai eue aujourd'hui au téléphone ne parvient pas à réaliser non plus que, dans un mois, notre maison sera de nouveau remplie de pleurs et de gazouillis. Belle-Maman, quant à elle, trépigne d'impatience du haut de sa vallée de Serre-Chevalier : je la soupçonne même d'avoir déjà préparé sa valise. Prête à prendre le premier train pour venir découvrir son petit-fils ! Pour Jade, les choses s'étaient précipitées lors de son transfert à l'hôpital, où il n'était malheureusement plus possible à nos familles d'entrer en contact avec elle, les mesures de sécurité et d'hygiène étant extrêmement rigoureuses pour ces petits si fragiles. Ce qui a été une immense frustration pour tout le monde. Alors, cette fois, nous avons pris soin d'inviter chacun à venir quand bon lui semble, avant, pendant, après la naissance, peu importe : l'essentiel est que personne n'ait ensuite de regrets. Nous allons tous nous retrouver autour du petit frère que nous a donné Jade, et ce sera un très grand bonheur.

Les minutes s'écoulent, et je ne dors toujours pas. Je me tourne et me retourne dans mon lit à la recherche de la meilleure position possible, sans parvenir à la trouver. Je deviens si imposante qu'il me faut négocier avec mon petit bonhomme pour que chacun de nous soit confortablement installé ! Le soir, j'ai mis au point tout un rituel, un véritable manège que je dois effectuer avec la couette. J'en cale une partie entre mes genoux, une autre sous mon ventre pour ne pas, emportée par mon poids, rouler démesurément et écraser le bébé. Et un dernier côté me cale les reins et soulage mon dos endolori. C'est de cette seule façon que je me sens bien, comme dans un cocon, lovée bien au chaud. Je savoure ce plaisir de n'avoir mal nulle part. Sauf qu'à tous les coups, au bout de deux minutes, j'ai de nouveau envie... de faire pipi ! Je vous imagine, mesdames, vous reconnaître et sourire ! Parce que, oui, dès que nous sommes confortablement installées, il nous faut rouler laborieusement sur le côté et nous extraire du lit pour aller soulager un besoin qui semblait si pressant, alors qu'en fait... Combien de fois m'en suis-je fait la réflexion ? Une telle envie juste pour ça ! Comme je suis bornée, j'ai attendu plus d'une fois, assez longtemps, que vienne la suite. Jusqu'à m'endormir à moitié sur la cuvette et me retrouver tirée de ce demi-sommeil par la voix de mon mari : « Tout va bien, chérie ? » Et moi de répondre en sursaut : « Oui, oui ! Je fais... Je vais... J'allais... J'arrive, chéri ! » Impossible de lui dire que j'étais en train de sombrer, il aurait trop peur que je sois capable de m'endormir aux toilettes en son absence !... Peur de quoi, en même temps ? Cette position, le dos reposant contre le mur, est ma foi assez confortable, et je ne risque pas de basculer d'un côté ou de l'autre, ma corpulence ne me le permettant pas : je serais forcément accueillie par un pan de mur. Je ne risque pas non plus de tomber vers l'avant, vu que l'ensemble de mon poids se situe vers l'arrière et qu'il me faut pour me lever abuser de stratagèmes pas toujours des plus élégants... En cette fin de grossesse, je ressemble parfois à un gros bébé qui ne saurait pas encore marcher mais s'acharnerait coûte que coûte à aller d'un endroit à un autre. Par n'importe quel moyen...

Quinze jours plus tard, première alerte. Le col s'est subitement raccourci et ramolli sous l'effet de contractions, l'accouchement n'est plus très loin. Je dois rester alitée, privée d'efforts et de sorties.

De sorties, c'est un peu pénible mais, pour le reste, c'est assez confortable! J'ai d'abord pris peur en apprenant cette évolution qui pourrait nettement avancer la date de l'accouchement et puis, à bien y réfléchir, nous avons dépassé la phase de la grande prématurité. Il faut juste essayer d'attendre au moins deux semaines, pour que les poumons du bébé soient parfaitement matures. Ça me semble jouable. Je reste allongée le plus possible, ce qui est payant puisque les contractions s'atténuent considérablement. Même si, désormais, je suis vraiment dans la dernière ligne droite, je ne me sens encore pas totalement prête.

Trois jours de plus, et je retourne à la maternité. Après les examens de contrôle, nous voyons l'anesthésiste que je connais lui aussi puisqu'il s'est occupé de moi, lors de nos tentatives de FIV. Je suis touchée de le revoir : il a appris notre parcours, notre drame et m'avoue même, au cours de ce rendez-vous, que lui et sa femme ont vécu la même chose : la perte de leur petite fille de neuf mois... Je vous laisse imaginer l'impact, lorsque l'on est médecin spécialisé en obstétrique, de se sentir impuissant face à la maladie et au décès de son enfant.

L'empathie et le bonheur de me voir de nouveau enceinte imprègnent notre conversation. Il m'explique avec précision le déroulement et la pose de la péridurale, afin de dénouer toutes les angoisses parfois liées à cet acte, qui ne présente aucun danger s'il est fait avec sérieux et vigilance. À ma demande, le dossier de mon précédent accouchement a été envoyé à l'équipe de Charles. Ce qui nous a permis de comprendre certaines choses et d'en apprendre d'autres – qu'il n'est pas nécessaire de préciser ici, ni même de dévoiler. Ce qui est fait est fait, mais il est important de savoir. Ici, avec Charles et son équipe, je me sens en confiance et bien entourée. L'anesthésiste n'hésite cependant pas à me prévenir que je risque de traverser un tsunami d'émotions auxquelles je dois me préparer. Je le sais, je le sens et, plus nous approchons de la date du terme, plus je me sens fragile. Il me faudrait du temps, encore plus de temps... Contrairement aux autres femmes qui, à quelques jours ou quelques semaines de leur accouchement, trépignent d'impatience, nous autres les mamans « orphelines » sommes tiraillées entre le désir de faire la connaissance de ce nouvel amour et celui de le garder bien au chaud, de peur qu'il n'arrive un nouveau drame.

Suit un premier monitoring qui se transforme en épreuve. Nous sommes pourtant dans un nouveau lieu et je découvre une nouvelle équipe. Mais, en me retrouvant en plein cœur d'une maternité, tout devient très concret et je prends pleinement conscience des choses. Parce que j'ai beau être enceinte jusqu'aux yeux et porter un bébé très actif qui ne manque pas de me rappeler qu'il est bel et bien là, je demeure comme dans un rêve.

Doux et totalement irréel. Voilà, mon problème. Voilà, en tout cas, ma réalité.

Les sages-femmes se présentent et nous conduisent dans une salle, plus froide, plus médicalisée qu'à la maternité de Nice, où j'avais un peu l'impression de venir faire un spa. Il faut dire que tout est fait, là-bas, pour favoriser la détente : la vue sur la Méditerranée, les murs de couleur vive, chaque salle d'accouchement étant décorée selon un thème (la nature, l'eau, le feu – celui que j'avais choisi, pour ses couleurs flamboyantes). Ici, en revanche, si les chambres misent tout sur le confort, les salles de travail sont exclusivement médicales. Derrière mon sourire, ma gorge est nouée, et mes yeux doivent être un peu trop brillants. Après avoir complété le dossier médical, tout en faisant connaissance avec l'équipe, on lance le monitoring qui définira de façon précise le rythme cardiaque et l'activité du bébé, ma tension, etc. Je me retrouve branchée à cet appareil qui me rappelle tant de stress. Mes yeux examinent sans cesse les courbes, les chiffres. Les bips sont comme des poignards qui me transpercent. Je dois absolument apprendre à me relaxer ! Je ne dis rien à personne, pas même à mon mari, mais, à cet instant, je comprends qu'il me reste un immense travail à faire sur moi avant l'accouchement. Corine, la sage-femme en chef, est à l'affût de mes réactions ; je sens que notre histoire « perturbe » un peu l'équipe et leur impose une pression supplémentaire. Elle a perçu mon malaise et ne manquera pas de proposer à Thierry une aide psychologique, pour moi, que je refuserai comme d'habitude. J'ai besoin de travailler seule sur moi-même, de comprendre, de digérer, d'avancer pas à pas, de surmonter, de sentir que je progresse puis d'être fière du chemin accompli quand je me retourne en arrière. Chacun doit faire comme il le sent, et il me paraît primordial de ne porter aucun jugement. Seul le résultat compte...

Les examens étant très positifs, on peut rentrer tranquillement à la maison. Que demander de plus ?

« Tic tac, tic tac », répète Thierry, surexcité à l'idée de tenir bientôt son fils dans ses bras. Tout comme moi, il n'en revient pas ; à l'inverse de moi, il n'a aucune angoisse ! Et son impatience est charmante. Je l'entends chantonner : « C'est la p'tite femme de ma vie, qui va me faire un fils, tralalalala... » Néanmoins, le montage de son film n'étant pas fini, il me prie tous les jours d'attendre un peu ! Comment lui dire que ça ne se passe pas comme ça ?! On a beau faire les carreaux, se promener pendant des heures, avoir une activité débordante le jour où l'on voudrait que..., on ne maîtrise pas quand ce moment fabuleux va arriver, et j'aime ça ! Pour ma petite Jade, l'accouchement avait été déclenché ; j'y avais trouvé une certaine forme de confort, dans la mesure où je m'arrange pour tirer quelque chose de positif de toute situation. Mais, cette fois, je préférerais que le travail débute de façon naturelle. J'aimerais être surprise par la perte des eaux ou par les premières contractions douloureuses, même s'il aurait été plus simple de programmer la naissance, mon mari travaillant en ce moment à Lille. Chaque matin, lorsqu'il quitte la maison à l'aube, je ne sais s'il aura vraiment le temps de rentrer au cas où. Et chaque soir, à son retour, je me dis : «Encore un jour de gagné pour la croissance de notre petit garçon, et encore un jour qui nous rapproche un peu plus du week-end, que l'on passe ensemble !... » Maintenant que j'ai beaucoup avancé dans l'écriture de ce deuxième livre et que Thierry a presque terminé le montage de son film, j'ai envie de faire confiance au hasard, de laisser faire la nature. De toute façon, la grossesse pourrait durer deux ans de plus, je crois que je ne serais toujours pas prête !

Mon ventre est pourtant démesurément rond. Je le badigeonne au moins trois fois par jour d'huile d'amande douce ou d'avocat pour éviter que ma peau ne craque. Sages-femmes, infirmières, médecins, tous s'accordent à dire que j'ai un très joli ballon. Et c'est vrai qu'il est impressionnant, fier et tout tendu vers l'avant – signe qu'il s'agit bien d'un garçon. Les petites filles, la plupart du temps, enveloppent davantage leur maman. Certains diront que ça n'a rien voir mais, pour ma part, la différence de forme est évidente. De profil, entre ma poitrine et mon ventre, je me demande parfois comment je fais pour tenir encore en équilibre ! Tout devant, rien derrière !

C'est bien dommage mais c'est une marque de fabrique familiale... Parfois, à force de redoubler d'efforts et si je nage presque sans discontinuer, j'arrive à obtenir un joli galbe. Mais l'effet ne dure jamais plus d'un mois ou, à la rigueur, le temps d'un été. Peut-être que je me serais fait poser des prothèses si je n'avais pas peur qu'elles n'explosent ou d'être empêchée de m'asseoir jusqu'à la fin de mes jours ! En écrivant cette phrase, je me dis que de toute façon je n'accorde pas assez d'importance au physique pour sauter le pas...

Je ne cesse de l'admirer, ce ventre qui renferme et protège mon miracle ! Si je ne frôlais pas ma quarante-cinquième année, j'aimerais lui faire un, deux ou trois autres petits frères et sœurs... Quand j'ai rencontré mon mari, lors de nos longues discussions où l'on échangeait nos points de vue sur la vie, on imaginait toujours une maison remplie d'enfants. Un gros bazar organisé où ça court dans tous les sens, au milieu des éclats de voix et des rires...

À quelques jours du terme, ma grand-mère m'envoie un mail. Avec Mamie chérie – comme j'aime l'appeler –, je n'ai plus mon âge, je reste une éternelle petite fille, sa petite-fille : « Coucou, Nini ! Comment te sens-tu aujourd'hui ? Je pense à toi, je t'aime. » Quelques mots, et tout est dit. C'est simple et ça me fait du bien... Comment je vais ? Mieux qu'hier, où nous avons cru devoir aller à l'hôpital. Toute la journée, j'ai eu des contractions et me demandais quoi faire. Fallait-il ou non alerter Charles ? Les choses semblaient avancer à grands pas, l'accouchement paraissait imminent. Devais-je encore attendre avant de le prévenir, au risque de le réveiller en plein milieu de la nuit ? J'ai fini par l'appeler ; au moins, si nous avions dû partir à la maternité, Charles l'aurait sûrement anticipé et aurait eu le temps de prévenir son équipe. Et puis, à une heure du matin, plus rien ! Petit cœur, finalement, se sent bien là où il est...

J'ai évidemment prévenu la maternité de ce retournement de situation. Je perçois de leur côté aussi une appréhension et j'ai compris que nous devions leur faciliter la tâche : chacun vivra ainsi l'accouchement avec plus de légèreté.

À peine ai-je écrit que nous devions rassurer Charles et son équipe que je deviens fragile. Je pense à Jade et j'ai mal. Vais-je la sentir près de moi pendant la naissance de son petit frère ? Penser à elle va-t-il me faire du bien ou, au contraire, me plonger dans un profond chagrin ? Trop de questions, trop d'émotion, je dois me libérer de mes larmes et de mes angoisses avant de partir pour la maternité.

Un SMS me parvient, de mon amie Samantha. Recevoir des marques d'amour me bouleverse un peu plus encore. J'arrive au terme d'une étape de ma vie, encore une. Elle aura duré presque neuf mois et devrait finir en une immense explosion d'amour. Ça y est ! Je pleure. Il le fallait. Pour pouvoir aller mieux, je devais laisser couler mes larmes.

Les yeux pleins d'étoiles

Le compte à rebours a commencé. Le 7 juin, pour notre dernier rendez-vous avant la naissance, le docteur Tibi constate la bonne évolution du col. Le bébé descend! C'est ce que j'espérais secrètement. Le travail est en train de se faire de façon naturelle... Quel soulagement!

Le timing est parfait : mon bébé peut maintenant arriver quand bon lui semble. Je sens même l'empressement du médecin, qui préférerait le savoir au-dehors qu'à l'intérieur de mon ventre. C'est avec un air détendu, presque soulagé, qu'il nous déclare :

— Eh bien, voilà, nous y sommes! La prochaine fois que l'on se voit, c'est en salle d'accouchement. (Et d'enchaîner :) ... Dans quelques heures, ce week-end au plus tard.

Nous sommes mardi! D'ici quatre à cinq jours maximum, le miracle devrait donc avoir lieu. À cette idée, Thierry et moi échangeons un regard, et nos yeux sont pleins d'étoiles. Puis c'est l'émotion qui nous gagne. Il a beau dire, il a beau faire, mon amour de mari, tant qu'il n'aura pas son fils dans ses bras, il ne parviendra pas à y croire réellement. Tout comme moi.

Charles nous embrasse chaleureusement, j'ose à peine le regarder dans les yeux, de peur de laisser échapper une larme. Je veux lui faire sentir que je suis forte, qu'il n'aura pas, en plus de sa propre appréhension, besoin de me porter. En me levant, je finis même par lui dire avec un grand sourire :

— Tout va bien se passer et ce sera un très bel accouchement, j'en suis sûre !

Et lui de me répondre, et j'adore entendre ces mots venant de lui :

— Oui. Tous les feux sont au vert, vraiment !

C'est le cœur léger et débordant d'enthousiasme que nous rentrons à la maison :

— Ça y est, il peut arriver, tout est prêt !

— ...

— Enfin, je crois, je ne sais pas, je ne sais plus...

C'est terrible de ne pas parvenir à se projeter avec son futur enfant. Nos pensées, nos émotions s'entrechoquent tout le temps. Un coup, j'ai hâte d'accoucher, je n'en peux plus d'attendre, il me semble que ce bébé et moi, nous nous connaissons depuis toujours. Et un autre, en imaginant son arrivée, j'aurais presque envie de prendre la fuite tant j'ai peur...

Je repense à ce trajet en métro, en direction du théâtre, le jour où j'ai appris ma grossesse. Comme un automate, j'avançais, ne sachant même plus comment je m'appelais. Je n'étais plus moi-même, je n'en revenais pas... Eh bien, à quelques jours de la naissance, je retrouve exactement cette impression, à la différence près que j'éprouve en plus une émotion immense, toute particulière. Celle que l'on ressent à l'approche d'un événement tant attendu. C'est si fort que c'en est presque violent. Je sais que je ne dois pas la combattre, bien au contraire. Mais je ne pensais pas ressentir tout ça. Je ne pensais pas qu'il serait si difficile de gérer quelque chose de merveilleux. Je sais ma fragilité, mon extrême sensibilité mais je n'imaginais pas que la grossesse «d'après» serait si perturbante. «Nous appelons ces bébés les "bébés arc-en-ciel" parce qu'ils arrivent à un moment où la tempête n'est pas encore terminée...» Mais la tempête, pour nous, ne sera jamais terminée, il y aura toujours en nous deux un bout de ciel gris qui viendra flirter avec la lumière. Et le temps qui passe n'y changera rien. C'est ainsi et nous devons l'accepter. Ne pas nous mentir, ne pas faire semblant, sans pour autant sombrer. Comme d'habiles funambules, nous avançons, mon mari et moi, sur le fil de nos vies. Nos émotions diffèrent parfois, et c'est normal. Nous ne sommes pas constitués de la même façon et ne réagissons pas de la même manière au même moment.

C'est l'amour et l'attention que nous nous portons qui nous font tenir en équilibre. Mais rien n'est acquis, ni tout le temps facile ou joyeux. C'est à nous de façonner du mieux que l'on peut notre vie, à nous de tout faire pour tenter de réaliser nos désirs. Et la satisfaction est immense lorsque l'on récolte les fruits de ses efforts.

Nous voici le 9 juin : une journée clé que j'attendais avec une immense impatience. Mon mari va enfin rentrer de Lille, où il travaillait au montage de son film. Le challenge était de ne pas accoucher avant cette date, de peur que Thierry ne puisse arriver à temps à la maternité.

Il est à présent dans le train depuis une demi-heure, et c'est un profond soulagement. Je vais pouvoir laisser mon corps se préparer sans contrainte et lâcher prise. J'ouvre une dernière fois les vannes et fonds en larmes. Pourquoi je pleure ? La pression qui retombe, le bouleversement, la peur, l'excitation... Je me sens aussi invincible que vulnérable. Depuis quelques jours, je traverse des montagnes russes d'émotions. Mais je suis apaisée : dans une heure, maintenant, il aura regagné la maison, et nous serons ensemble.

C'est alors que je ressens une première grosse tension dans le ventre, ainsi qu'une pression très nette au niveau du pubis. La détente amène la libération, mon corps tout comme mon bébé ont dû le sentir, et commence le prétravail, qui m'amènera à la plus belle émotion du monde. Le bas des reins devient à son tour douloureux, la machine se met en route, c'est incontestable ! J'avais envisagé de faire demain une dernière balade en amoureux dans le quartier, mais nous n'en aurons peut-être pas l'occasion...

Je ne veux plus penser à rien. Je dois me relaxer et accompagner mon enfant de la façon la plus sereine possible. Profiter minute par minute de ce qui pourrait n'aboutir que dans quarante-huit heures. Peu importe ! « Prends ton temps, mon amour, c'est toi le chef d'orchestre, désormais. »

Alors que mon mari poursuit son voyage vers Paris, Emmanuelle, ma sage-femme, arrive à la maison avec ses soixante minutes habituelles de retard. Peu importe ! Son heure est la mienne puisque je n'ai rien d'autre à faire que me reposer, écrire et attendre paisiblement le grand moment. Celui que toute notre famille s'impatiente de partager. Chaque jour, je suis inondée des messages d'amour de chacun, me demandant comment je me sens, si les contractions s'intensifient... Tous se montrent pressés de voir ce petit garçon qui va nous offrir une nouvelle joie de vivre. Je me souviens d'une phrase écrite, quelques semaines plus tôt, par une fan : « On va enfin revoir sur votre visage ce sourire qui vous allait si bien... » Depuis le départ de

Jade, j'ai pourtant essayé de garder le plus possible le sourire ; la douleur, malgré tout, a laissé son empreinte.

Mais, aujourd'hui, c'est avec un franc et large sourire que j'accueille Emmanuelle, en arborant fièrement mes dix-neuf kilos accumulés. Je suis aussi impressionnante que j'étais menue avant d'être enceinte ! Il y a quelques jours, alors que nous nous rendions, mon mari et moi, à notre dernière visite à l'hôpital, les paparazzi – toujours en planque non loin de la maison – nous ont pistés et photographiés. Les clichés que je viens de découvrir dans la presse people m'ont fait peur : je suis énorme ! Sur ces photos, nous traversons la rue et l'on peut lire en légende : « Le ventre d'Ingrid Chauvin arrivera sur le trottoir d'en face bien avant elle ! » Ce n'est pas malveillant, ça se veut plutôt gentiment drôle, mais j'avoue qu'observer ma silhouette dans le miroir est parfois un peu pénible. Mon bonheur, cependant, l'emporte sur tout le reste, et je ne pense plus qu'à une chose : à ce bébé qui très bientôt va pointer le bout de son nez. Je n'attends plus qu'une chose : le sentir tout contre moi et être assurée qu'il va bien.

Je suis donc en forme cet après-midi, heureuse et sereine à l'idée de ces quelques jours que nous avons devant nous, Thierry et moi, pour savourer la naissance imminente.

Je fais part à Emmanuelle de ce que j'ai ressenti depuis que Thierry est dans le train et poursuis en précisant que je me sens bien et que je gère parfaitement la douleur. Nous sommes jeudi, et j'imagine accoucher ce week-end. Dans quarante-huit heures. Plus que quarante-huit heures de vie à deux avant le grand bouleversement. C'est à peine imaginable, et pourtant... La suite est incroyable, surréaliste. Même dans mes rêves les plus fous, je n'aurais pu concevoir un tel scénario !

En m'examinant, Emmanuelle trouve mon ventre très tendu. Je lui confirme que je ressens des contractions et que j'aime cette sensation. Mon mari devrait maintenant arriver d'ici un quart d'heure. Nous allons assister ensemble au dernier monitoring. Puis nous irons nous balader dans Paris, j'en avais très envie mais n'osais plus le faire seule depuis un petit moment, par crainte de provoquer l'accouchement.

Sans attendre, je m'installe le plus confortablement possible sur le canapé, ce qui n'est pas chose facile à ce stade de la grossesse. Puis nous débutons, Emmanuelle et moi, cet ultime examen de contrôle. J'échange quelques SMS avec mon mari. Lui, fou de joie à l'idée de me retrouver et fier que j'aie pu contrôler mon corps. Moi, plus qu'heureuse et soulagée qu'il soit là en ce moment si précieux.

«Je suis là dans trois minutes, *amore* !

— Ouiiii ! On t'attend, chéri. On commence le monito, ça contracte mais ça va ! »

Et soudain...

Une, puis deux et bientôt trois !

Emmanuelle me regarde :

— Ça contracte pas mal, non ?

Je confirme mais le bruit de la clé dans la serrure me fait oublier ces contractions si rapprochées.

— Chérie !

— Mon amour !

Un bisou, suivi d'un deuxième et des présentations entre Emmanuelle et Thierry. Simples et joyeuses. Tout le monde affiche un sourire béat dans cette maison, malgré le regard appuyé de la sage-femme sur le monitoring, qui affiche désormais des contractions toutes les trois minutes.

— Mais vous n'avez pas mal, Ingrid ?

— Hein ? Euh, oui, non, je ne sais pas... Si, en fait, mais je suis dure au mal, vous savez, et c'est une douleur-bonheur, alors tout va bien...

Nous échangeons gaiement tous les trois, imaginons les prochains jours. La douleur s'intensifie mais je la ressens à peine tant je me réjouis d'avoir de nouveau mon homme à mes côtés. Emmanuelle m'observe sans piper mot. Regard complice entre Thierry et elle.

— Votre visage a changé, Ingrid !

J'ai cru qu'elle voulait dire : « Vous êtes tellement épanouie, et encore davantage depuis l'arrivée de Thierry ! » Mais non, pas du tout... Elle me trouve plus pâle, un léger voile dans le regard. Alors que nous arrêtons le monitoring, elle me demande si elle peut appeler le docteur Tibi afin d'avoir son accord pour examiner mon col.

— Oui, bien sûr ! En attendant, je vais soulager ma vessie de femme enceinte qui, depuis plusieurs mois, me sollicite quasiment toutes les demi-heures !

Je croise mon regard dans le miroir, c'est vrai que j'ai l'air un peu fatiguée... Dommage, j'aurais préféré avoir meilleure mine pour Thierry ! Un petit coup de blush sur les joues arrangera ça en deux secondes, et puis je n'ai que très peu déjeuné, tout s'explique...

Charles évidemment donne son accord pour l'examen. Bien qu'il soit très difficile de prédire le jour exact de l'accouchement, cela va nous permettre de savoir comment les choses ont évolué.

Détendue et confiante, je fixe à mon tour Emmanuelle. Mais cela ne dure pas plus de deux minutes :

— Ingrid, le col est ouvert à trois centimètres. Vous allez accoucher !

À ce moment-là, tout bascule.

Mon cœur s'emballe. Je regarde Thierry, puis Emmanuelle. Mes yeux se remplissent de larmes. Je me jette dans les bras de la personne la plus proche de moi : Emmanuelle ! Elle est émue de partager ce moment avec nous... Thierry, lui, est comme anesthésié. Il reste interdit quelques secondes, puis semble partagé entre excitation, joie et interrogations :

— Ça veut dire quoi, col ouvert à trois centimètres ? Qu'on peut aller se balader et partir après, tranquillement, à l'hôpital ?

En chœur avec ma sage-femme :

— Euh, nooon !

— C'est le moment où l'on pose la péridurale, chéri !... Mais j'aimerais bien prendre une douche, au moins, et me laver les cheveux...

— Euh, non plus, Ingrid ! Là, il faut partir tout de suite ! Je préviens Charles.

Lui sort de la piscine, l'un des rares moments de répit qu'il s'accorde dans la semaine et c'est super, il sera relaxé, suis-je en train de penser. D'après les propos qu'ils échangent, je comprends alors qu'il avait sûrement une soirée de prévu et suis gênée de bouleverser ses plans, enfin, pendant une fraction de seconde. Je suis surtout heureuse de le retrouver : nous avons tellement espéré ce moment !

Nous sommes le 9 juin, il est vingt heures, c'est le début de l'Euro de football et je suis en train de vivre l'un des plus beaux moments de ma vie, de notre vie !

Excités, fébriles, nous faisons la liste de tout ce qu'il ne faut pas oublier pour la maternité. Pas grand-chose en fait, la valise est déjà prête et nous attend depuis quelques semaines dans l'entrée de l'appartement. Je pars à droite, puis à gauche, je tourne en rond, non, je fais du sur-place... On a beau s'y préparer – et les neuf mois de grossesse ne sont pas de trop pour cela –, lorsque le moment arrive, c'est l'effervescence absolue !

Emmanuelle s'amuse de nous voir ainsi. Nous échangeons quelques mots, des embrassades ; elle s'éclipse avec, dans le regard, une compassion infinie...

Mon mari, sur le seuil de la porte, me demande d'accélérer. Nerveux, probablement inquiet, il voudrait déjà être à la maternité :

— Chérie, dépêche-toi, ne prenons pas de risques ! Ce serait quand même dommage que tu accouches sur le périph...

— Ça y est, je suis prête... Oh, p..., je n'arrive pas à y croire !

Je fonce dans la cuisine, dérobe deux cookies, les fameux... que je mangerai en chemin. Puis je m'éclipse dans la salle de bains. Quelques secondes rien que pour moi, face au miroir. Je reviens neuf mois en arrière, au moment où je me suis rendu compte que ma poitrine avait changé. Ce moment où j'ai senti que Jade m'autorisait de nouveau à redevenir maman... J'ai le cœur gros, je suis bouleversée, partagée entre douleur et bonheur. «Mon amour, je t'aime.» Des bourdonnements dans mon oreille me font penser que Jade est toute proche de moi... Une profonde respiration, un dernier regard vers le miroir, mon ventre et mes contractions me rappellent que je dois partir. Je me dirige vers l'entrée, retrouve Thierry, qui s'impatiente. Dans quelques jours, cette maison reprendra vie...

— Ça va, chérie? Qu'est-ce que tu ressens? Ça contracte?

— Ça contracte, oui, mais je gère, t'inquiète : tout va bien!

La douleur a beau s'être intensifiée, je ne veux pas l'alarmer. Je pense à mon bébé et j'ai comme un regain d'énergie. Je pourrais presque courir, sauter en l'air gaiement, comme une enfant qui va recevoir le plus beau des présents.

Je fredonne, je fais des blagues tandis que nous nous engageons sur le périphérique qui nous mène vers la maternité. Thierry me regarde, amusé, étonné de me voir si bien :

— Elle est incroyable : le col ouvert, prête à accoucher, et ma femme chante en mangeant ses cookies!

Nous prévenons notre famille, nos proches. Tout le monde à présent retient son souffle, imaginer l'émotion de chacun me bouleverse à mon tour.

Le périphérique est saturé : dans une petite heure, démarrera le premier match de l'Euro.

Thierry se tracasse de nous voir presque à l'arrêt, je le rassure. Et nous profitons de ce ralentissement pour faire une vidéo souvenir afin de souhaiter la bienvenue à notre bébé ! Tout comme les photos prises pendant la grossesse, ce livre que j'écris depuis des mois qui sera son histoire. Mon petit prince aura le récit de notre vie de famille et de sa venue parmi nous. C'est un cadeau précieux et j'aime penser qu'il sera heureux, plus tard, de le posséder.

Les contractions gagnent en force mais, comme j'aime le dire depuis quelques jours, je gère !

Nous arrivons finalement assez vite à la maternité. Je repense à la première fois où nous l'avons visitée, à mes larmes contenues, mes pensées vers Jade. Aux mille questions que je me posais. Je craignais de ne pas pouvoir contrôler mon émotion, de ne pas être assez forte, de replonger dans le traumatisme et d'en oublier le sublime du moment présent. J'avais peur de tout. Chaque jour un peu plus, je me suis préparée à ce tournant qu'allait prendre ma vie, et chaque jour mon angoisse était un peu plus grande.

Nous sommes accueillis par l'équipe au grand complet, et je lis sur leurs visages autant de joie que d'inquiétude. L'ambiance se veut agréable et détendue, mais la concentration est immense. Je retrouve Charles, rassuré, je crois, que les choses se déroulent finalement de façon naturelle. Souriant, il tente de dissimuler ses propres appréhensions ; je sens pourtant qu'il ne sera vraiment détendu que lorsqu'il aura déposé notre bébé sur mon ventre...

C'est malgré tout une soirée des plus joviales qui débute. Alors que je suis en plein monitoring, s'organise à côté de la salle de travail un dîner « sushis » entre Thierry, Charles et Philippe, l'anesthésiste. Charles effectue quelques allers-retours pour s'assurer que tout va pour le mieux pour le bébé et moi. C'est le cas : je déborde d'énergie et le sourire ne quitte plus mon visage. Les douleurs ne cessent d'augmenter mais je les accepte parfaitement bien. Le col n'ayant pas vraiment évolué, je vais pouvoir m'autoriser ce que je souhaitais faire à la maison avant de partir : prendre une douche ! Charles m'accompagne jusqu'à notre chambre et, pendant leur « sushis party », je m'octroie ce petit moment de détente avant le grand événement... Je ne cesse de penser à mon bébé et l'accompagne à chaque instant dans son avancée vers la vie d'ici. Je tente de l'imaginer, je lui parle, comme pour le prévenir et le rassurer sur ce qui va se passer. Je lui dis à quel point je suis heureuse et émue à l'idée de faire sa connaissance dans les heures qui viennent. Dans trois, deux, ou peut-être une heure. J'admire et caresse mon ventre démesurément rond : et dire qu'à l'intérieur se trouve la plus belle des merveilles ! Mon fils, mon ange, mon trésor... Devant le miroir, je m'évade de nouveau, je pars en voyage. Et ce sont les éclats de voix des garçons qui me tirent de mes songes...

Je les rejoins. Ils sont ravis, presque impressionnés de me voir si souriante. J'arpente le salon de long en large, ils s'en étonnent et me proposent de m'asseoir à leurs côtés, mais je préfère rester debout. Marcher est, je pense, le meilleur moyen de faire avancer le travail. Je participe à leur conversation, les blagues et les rires fusent. Je prends la pause auprès de Charles et de Philippe, pendant que mon mari immortalise l'instant.

Je m'autorise, ou plutôt Philippe m'autorise, quelques gorgées de jus de raisin : j'ai besoin d'un peu de sucre, le peu que j'ai mangé aujourd'hui a déjà été éliminé. Les deux cookies dérobés avant de partir n'ont pas suffi à me caler, la nuit risque d'être longue et je ne veux pas manquer d'énergie. J'observe les garçons et me réjouis de cette ambiance conviviale. Je m'imprègne des lieux, passe de la chambre au salon et réalise la chance inouïe que j'ai de vivre mon accouchement de cette façon.

Puis soudain :

— Charles, je viens de sentir et d'entendre comme un claquement dans mon bas-ventre !

Je n'attends pas de réponse et me dirige vers ma salle de bains. Il y a du changement, une évolution... Sur le sol, quelques gouttes rosées. Je me retourne : on peut me suivre à la trace sur tout mon trajet, tel le Petit Poucet. Un liquide tiède coule désormais le long de mes jambes ! Je me précipite vers les garçons et, comme si je venais de recevoir un trophée, je leur annonce fièrement :

— J'ai perdu les eaux !!!

Charles me regarde, satisfait de cette nouvelle :

— Eh bien, vous aurez vraiment tout vécu comme vous le souhaitiez, Ingrid !

C'est vrai : pas de déclenchement, *a priori* pas de césarienne, la perte des eaux, l'ensemble se passe de façon parfaitement naturelle, tout ce dont je rêvais... Je ne peux m'empêcher de penser que j'aurai au moins vécu ça.

— À partir de maintenant, les contractions vont augmenter en fréquence et en intensité, me prévient Charles.

Par précaution, il me demande si je veux bien que l'on retourne en salle de travail pour vérifier le col et faire un nouveau monitoring. Bien sûr, que je le veux ! Il me tarde même de savoir comment les choses avancent. Je me sens extrêmement bien et, même si tout est organisé pour que nous croisions le moins de gens possible, je ne manque pas de lancer un sourire à tous ceux que je rencontre. J'ai laissé mes angoisses de côté et je rayonne. Jamais je n'aurais cru pouvoir revivre un tel bonheur, je trouve ça inouï, fantastique !

Une fois encore, le docteur Tibi vérifie que tout va bien pour le bébé et moi. Nous constatons que le col s'ouvre assez lentement. Du bout des lèvres, il me demande alors si cela ne m'ennuie pas qu'il aille se reposer un instant dans sa petite chambre de garde :

— Ne vous inquiétez pas, Ingrid ! Je ne vais pas dormir, mais juste me détendre un peu, en profiter pour lire et répondre à quelques mails...

— Aucun problème, Charles, au contraire ! Reposez-vous, je préfère... Je vous envoie un message s'il se passe quoi que ce soit.

Charles est évidemment relié non-stop au reste de l'équipe médicale et rien ne peut lui échapper. J'ai beau avoir gardé mon téléphone avec moi au cas où, je sais bien qu'il sera averti et m'aura peut-être même déjà rejointe avant que j'aie fini de taper mon SMS... Mon mari, lui, est resté avec Philippe ; il semble très détendu, si heureux à l'idée d'être de nouveau papa. Et, je le sais, me voir souriante et sereine l'aide beaucoup. Il attend, joyeux, et savoure son statut de futur papa en faisant des va-et-vient entre la salle de travail et la chambre.

Voilà maintenant trois heures et demie que nous sommes arrivés à la maternité. Le cathéter péridural a été posé, mais je n'ai pas encore ressenti la nécessité d'y injecter la substance anesthésiante. J'ai besoin, j'ai envie de ressentir tout ce qui se passe dans mon corps, jusqu'au dernier moment. Ici, les futurs papas sont autorisés à rester auprès de leur femme, et même de les prendre dans leurs bras pendant la pose de la péridurale mais, à la vue de l'aiguille, mon mari s'est débiné et a laissé sa place à la sage-femme !

Les pics de contractions sont douloureux, il me semble pourtant que je peux encore résister. Je ne veux pas repousser mes limites mais imaginer mon bébé en train de descendre lorsque je ressens la douleur. Être avec lui et que nous progressions ensemble.

Je reste un petit moment seule. Le temps paraît s'être arrêté. De temps à autre, la sage-femme vient s'assurer que je vais bien. Je profite de ce répit pour envoyer quelques messages, appeler maman juste pour lui dire que tout va pour le mieux, qu'en ce moment si précieux, si important, je pense à elle... J'aime me retrouver seule, dans cette salle de travail, et peu importe le temps que cela dure, cela me permet de rassembler mes plus belles pensées sur le passé, le présent et l'avenir, et cela me donne de la force. Jade n'est pas loin, j'ai peur mais je me sens prête à donner la vie de nouveau.

Les douleurs sont maintenant à la limite du supportable. Je tiens encore quelques contractions, mais dès que quelqu'un apparaîtra dans la salle... C'est Philippe, l'anesthésiste, qui arrive en premier. Après un coup d'œil sur le monitoring et avoir posé la main sur mon ventre, il me propose de m'administrer un peu de produit anesthésiant. Le minimum : c'est ce dont nous étions convenus en amont. J'accepte volontiers. Je ne veux pas être dans une trop grande souffrance qui pourrait se répercuter sur le bébé. En une poignée de minutes, me voilà soulagée de mes douleurs. Je ressens tout mais ne souffre pas : quelle merveille !

La péridurale parfaitement maîtrisée est un pur bonheur ! Merci, Philippe.

La sage-femme effectue un ultime contrôle, à la demande, j'imagine, de Charles qui, sans être là, me prouve une nouvelle fois qu'il n'est jamais loin...

Surprise ! Le col qui, jusque-là, évoluait très tranquillement, s'est subitement métamorphosé.

— Nous sommes à sept centimètres, m'annonce la sage-femme.

À ces mots, mon cœur s'emballe. Je prends conscience que le moment est arrivé. J'attrape mon téléphone, envoie un message à mon mari qui, depuis quelque temps, a disparu de la salle de travail ! « Chéri, tout s'accélère, tu fais quoi, t'es où ?!!! » Pas de réponse. Je tente de l'appeler, sans succès. Vent de panique. Le comble. Ce serait quand même dommage que j'accouche seule alors qu'il est là, tout près !

La sage-femme s'active autour de moi et prépare la venue de notre bébé. Je ne cesse de regarder la porte de la salle d'accouchement désespérément close. Combien de temps ? Je ne saurais le dire. L'émotion est trop grande. Je pose une dernière fois les mains sur mon ventre, essaie de localiser les différentes parties du corps de mon petit à travers ma peau, d'échanger avec lui, comme nous l'avons fait si souvent pendant ma grossesse. À part cette pression abdominale que je ressens, je n'ai aucun retour. Je lui murmure alors quelques mots doux :

— J'ai hâte de te sentir enfin contre moi, petit bonhomme !

Les yeux clos, je me laisse aller et navigue au milieu d'un océan d'images et de pensées. J'imagine son regard se planter dans le mien, la sensation de son tout petit corps contre le mien...

La porte s'ouvre vivement. Mon mari, Charles et Philippe entrent précipitamment.

— Ah, quand même ! J'ai failli vous attendre, les gars... Chéri, t'étais où ?

Pas le temps d'entrer dans une longue conversation, mais je découvrirai plus tard qu'il était en train de préparer notre chambre, de disposer les petites peluches dans le berceau en bois et Plexiglas orné de cœurs incrustés et de plumes blanches. Lorsque nous avons visité la maternité, j'avais eu un véritable coup de foudre pour ce berceau au design angélique. Imaginer que dans quelque temps notre enfant dormirait dedans m'avait tellement touchée... Thierry a également rangé les affaires du bébé dans l'armoire, disposé ses produits de toilette autour du plan à langer. Comme à son habitude, il nous a créé un petit cocon douillet et harmonieux pour nos premiers jours en famille, à la maternité.

Nos regards en disent long sur notre état d'esprit.

— Ça y est, chérie, c'est maintenant !

— Ça y est, oui... je lui réponds, la gorge serrée.

Ses yeux remplis de reconnaissance, d'admiration et d'impatience me bouleversent autant qu'ils m'encouragent. Nous sommes en train de vivre notre rêve... que dis-je ? Nous sommes en train de vivre un véritable miracle !

Toute l'équipe est maintenant prête pour la naissance de notre bébé. Charles est concentré mais d'un calme olympien. Nous baignons dans une pénombre très agréable. Comme pour désamorcer le stress qui doit se lire sur mon visage, Charles me demande soudain ce que je pense de la décoration de la pièce et ce qu'il faudrait y ajouter pour plus de confort. Je lui décris, non sans émotion, la maternité de Nice, ses pièces à thèmes et leurs couleurs flamboyantes. J'évoque la possibilité d'accoucher en musique, afin de détendre les futurs parents. Dans ma position – allongée, sur le dos –, mon regard est attiré vers le plafond, je pense alors à celui du centre de fécondation *in vitro* de l'hôpital. Au moyen de leds, ils y ont dessiné comme un ciel étoilé, duquel émane une lumière douce, très relaxante. C'est si important dans ces moments... Je me permets donc de suggérer à Charles de s'inspirer de ce qui a été fait dans le service de FIV, tout en m'étonnant de me lancer dans une telle conversation à quelques minutes de la naissance de mon fils. Mais c'est tellement plaisant ! Alors que nos espoirs semblaient s'évanouir, après un parcours du combattant pour avoir un enfant, après être devenus parents puis brusquement « orphelins » de notre princesse Jade, voilà qu'aujourd'hui la nature nous offre un bébé...

Dans cette ambiance feutrée, aussi heureux qu'anxieux, mon mari me soutient. Sa main effleure tantôt mon visage tantôt mes épaules. Il y a dans son regard un amour infini, une joie immense et, j'imagine quelque part, bien cachée, beaucoup d'appréhension.

Presque en chuchotant, Charles m'indique de pousser. Et mon mari d'ajouter :

— Allez, chérie, à toi de jouer !

À moi de jouer, oui... Durant quelques secondes, une pression monumentale me tétanise. Un instant, un minuscule instant, pas davantage. Puis je m'exécute, avec force et amour. Charles me félicite, Thierry paraît avoir couplé sa respiration à la mienne, il me sourit puis m'encourage.

À la contraction suivante, Philippe est heureux de m'annoncer que la tête de notre bébé a fait son apparition et que tout va bien. Il sait notre angoisse et s'applique à nous rassurer du mieux qu'il peut. Charles, lui, reste très concentré et je ne le lâche pas du regard, comme pour y déceler la moindre chose qui pourrait tout faire basculer. Son calme me tranquillise. Nous reprenons ensemble, chacun dans son rôle...

Nous sommes le 10 juin 2016, il est 1 h 26, et il n'aura pas fallu plus de vingt minutes et quatre petites poussées pour qu'enfin je vive cette sensation unique, qui marque une vie et que l'on n'oublie jamais...

Du haut de ses cinquante centimètres et de ses 3,210 kilos, Tom Prince André Gérard vient de pousser son premier cri. Mon petit Tom se porte à merveille ; mon grand homme, lui, est si émerveillé qu'il ne touche plus terre. Quant à moi, je réalise à peine qu'il s'agit bien là, non plus d'un rêve, mais de notre réalité.

Au creux de mes bras, tout contre ma peau, est blotti un petit ange, comme venu du ciel... Et je ne peux m'empêcher de penser que Jade est à l'origine de ce tout nouveau bonheur.

Table

Pour en savoir plus
sur les Éditions Plon
(catalogue complet, auteurs, titres,
revues de presse, vidéos, actualités...),
vous pouvez consulter notre site Internet :
www.plon.fr
et nous suivre sur les réseaux sociaux :
www.facebook.com/Editions.Plon
www.twitter.com/EditionsPlon

La photocomposition de cet ouvrage
a été réalisée par
GRAPHIC HAINAUT
30, rue Pierre Mathieu
59410 Anzin

Imprimé en France par CPI
en octobre 2016

pour le compte des Éditions Plon
12, Avenue d'Italie 75013 Paris

N° d'impression : 3018298
Dépôt légal : octobre 2016